MODA
Y RETAIL

De la gestión al merchandising

GG®

Dimitri Koumbis

T0287494

Título original: *Fashion Retailing. From Managing to Merchandising.*
Publicado originariamente por Fairchild Books,
una división editorial de Bloomsbury Publishing Plc.
Diseño gráfico: Pony Ltd./ www.ponybox.co.uk
Traducción de Belén Herrero
Diseño de la cubierta: Toni Cabré/Editorial Gustavo Gili, SL
Fotografía de la cubierta: © Sybarite Architects. Fotógrafo: Donato Sardella

Printed in China
ISBN: 978-84-252-2745-5

Editorial Gustavo Gili, SL
Rosselló 87-89, 08029 Barcelona, España. Tel. (+34) 93 322 81 61
Valle de Bravo 21, 53050 Naucalpan, México. Tel. (+52) 55 55 60 60 11

1

1 UNA TIENDA CON UN
   INOLVIDABLE DISEÑO

H&M, una de las empresas minoristas
líderes del mercado de moda pronta de
precio medio, atrae a sus consumidores
mediante los exteriores de sus tiendas,
bellamente diseñados, que se fusionan
a la perfección con la arquitectura
autóctona. En la fotografía podemos
apreciar el establecimiento que la
empresa posee en Miami, en el que
la fachada de estuco blanco y las luces
de neón rinden homenaje al *art déco*
propio de la ciudad.

ÍNDICE

INTRODUCCIÓN

Cada día, los consumidores visitan los comercios minoristas, tanto en sus tiendas en Internet como en sus establecimientos físicos, en busca de aquellos artículos que satisfagan sus necesidades, basadas en la emoción o en la carencia. Los consumidores recurren a sus marcas favoritas para sentirse bellos y seguros de sí mismos o, sencillamente, para abrigarse con prendas cálidas durante el invierno. Estos comercios minoristas son algo más que meros espacios físicos donde alojar el producto; son máquinas bien engrasadas que, con años de antelación, planifican estratégicamente lo que los clientes comprarán en el presente. El comercio minorista es un sector integrado en el paisaje de nuestro entorno; a medida que continúa su expansión a través del ciberespacio, los minoristas se esfuerzan por hacer llegar sus marcas hasta las comunidades más remotas del planeta.

El objetivo de *El comercio minorista de moda* es proporcionar al lector un conocimiento básico del *modus operandi* del comercio minorista contemporáneo, principalmente en el entorno de la tienda física tradicional. El texto comienza con una breve introducción dedicada a la historia del comercio minorista antes de considerar los diversos tipos de establecimientos minoristas y las diferencias entre la venta minorista *in situ* y a distancia. Un amplia mirada al comportamiento de compra del consumidor y del mercado, así como a las diferencias entre los mercados de las diversas comunidades emergentes dentro del comercio minorista internacional, constituye el punto de partida para un examen detallado sobre la empresa minorista en su conjunto, desde las oficinas corporativas hasta el punto de venta.

Este libro se divide en seis secciones que conducirán al lector en un viaje desde los orígenes del comercio minorista hasta el comercio electrónico de la era digital. Se tratarán diversos temas, como la gestión de la plantilla, la prevención de pérdidas o el visual merchandising, y también su implementación en el establecimiento comercial, posible gracias a la labor de las oficinas corporativas. Cada sección acaba con una entrevista y un caso práctico que ilustran los contenidos del capítulo en cuestión y ofrecen un conocimiento más detallado de las diversas profesiones y marcas internacionales de éxito que conforman este sector.

En el vibrante y vertiginoso mundo del comercio minorista, las partes implicadas (consumidores y minoristas) colaboran en el desarrollo de un lucrativo sector que conjuga moda, diseño y comercio, y que ofrece al consumidor una amplia selección de marcas (tan bellas estéticamente como experimentadas empresarialmente) entre las que elegir.

1 A TRAVÉS DEL ESPEJO

Los escaparates permiten que los minoristas narren historias imaginarias sobre las marcas de moda que comercializan en sus establecimientos.

Introducción

Capítulo 1

En el capítulo 1 analizaremos la diferencia entre los conceptos de retailing y establecimiento minorista, así como las particularidades que contribuyen al éxito de una marca. Pasaremos luego a examinar los diversos tipos de establecimientos minoristas y definiremos las características que los diferencian entre sí, además del concepto de comercio minorista *in situ* y a distancia. Finalizaremos con un debate sobre los diversos enfoques multicanal que permiten que las empresas minoristas creen una marca sólida dentro de un mercado competitivo.

Capítulo 2

El conocimiento de la psicología del consumidor es de extrema importancia para la empresa minorista, pues le permite tomar decisiones relacionadas con sus establecimientos para conseguir que los compradores los visiten cada temporada.

Este capítulo explora los diversos modelos de comportamiento del consumidor y analiza los mercados de consumo a nivel local e internacional. El sólido conocimiento del mercado en el que se ubican sus establecimientos comerciales permite que los gestores corporativos tomen decisiones basadas en datos objetivos a la hora de realizar las compras de producto de la temporada o de desarrollar planes de marketing, y que los equipos en tienda comercialicen el producto de la manera más apropiada una vez recibido.

Capítulo 3

El capítulo 3 desvela el funcionamiento interno del comercio minorista, y proporciona al lector un conocimiento más detallado del papel que juega en la cadena de abastecimiento. Tras analizar diversas profesiones en el ámbito corporativo, el capítulo examina el proceso de planificación estratégica y su papel como apoyo a los equipos del punto de venta.

Finalmente, definiremos el concepto de responsabilidad social corporativa (RSC), y pondremos de manifiesto la importancia que tiene dentro del comercio minorista el hecho de desarrollar planes de responsabilidad social corporativa bien fundamentados dentro de su modelo de negocio.

Capítulo 4

El capítulo 4 trata sobre la gestión del punto de venta y proporciona valiosos conocimientos sobre cómo funcionan los establecimientos comerciales, los puestos de gestión y la toma de decisiones por parte de los jefes de tienda por lo que respecta a la contratación, formación y desarrollo del personal del establecimiento. Con el análisis de los procesos logísticos del punto de venta, el lector conocerá el recorrido que sigue el producto desde los centros de distribución hasta la tienda, gracias al papel de los planificadores y de los especialistas en asignación de producto, que trabajan a las órdenes de los merchandisers corporativos. El capítulo concluye analizando las tácticas de prevención de pérdidas que se implementan para evitar los altos índices de pérdida de inventario que provocan los hurtos internos y externos.

Capítulo 5

Uno de los puestos de trabajo más codiciados en un establecimiento comercial es el de visual merchandiser, del que hablaremos en el capítulo 5, donde el lector también aprenderá la diferencia entre merchandising y visual merchandising, la importancia de esta última disciplina en el entorno del punto de venta, y cómo conjuga la accesibilidad para el cliente con la configuración de la zona de venta, establecida por las oficinas centrales para la temporada en cuestión.

Capítulo 6

El capítulo final del libro analiza tendencias dentro del sector minorista, como el comercio electrónico, que se estudia para ofrecer al lector los conocimientos de un sector joven que ofrece un gran potencial para expandir las marcas y dotar de presencia global a las empresas minoristas. Asimismo, el capítulo analiza cómo ciertos minoristas, cuya actividad se limitaba al comercio electrónico, han ampliado su negocio para incluir establecimientos físicos tradicionales mediante la aplicación de diversas estrategias de marketing. El capítulo 6 finaliza desde una perspectiva tecnológica y muestra lo que el consumidor espera del minorista en un futuro inmediato por lo que respecta al entorno del punto de venta.

El comercio minorista de moda es un texto introductorio que ofrece al lector la oportunidad de conocer más detalladamente cómo operan las empresas minoristas, y constituye un punto de partida para el desarrollo posterior de su carrera profesional dentro del sector. El texto combina potentes imágenes con casos prácticos y entrevistas, así como con ejercicios conceptuales para el desarrollo de las aptitudes del lector que le ayudarán a comprender un sector profesional altamente estimulante.

"Mi primer trabajo, a los catorce años, fue en el comercio minorista; desde entonces, siempre he trabajado en este sector."
Rachel Roy, diseñadora de moda

1

1

¿QUÉ ES EL COMERCIO MINORISTA?

1 EL CIELO ES EL LÍMITE

En el centro comercial Pavilion, situado en Bukit Bintang (Kuala Lumpur), los compradores disponen de un amplio abanico de establecimientos entre los que elegir. Estas grandes superficies comerciales albergan bajo un mismo techo a muchos comercios minoristas, facilitando así las compras cuando la meteorología es desfavorable.

El comercio minorista constituye un sector que abarca todo el planeta y que es responsable de gran parte del mercado laboral a nivel internacional por lo que se refiere a generación de empleo e ingresos. El sector minorista es una importante fuente de ingresos no solo para las partes implicadas sino también para aquellas comunidades en las que prospera (pensemos, a modo de ejemplo, en los ingresos fiscales que genera). Los minoristas se adaptan con rapidez a las necesidades del consumidor, poniendo a su disposición las tendencias más novedosas. Los avances tecnológicos han dado lugar a una relación más estrecha entre ambos, colocando a los minoristas y a sus productos al alcance de la mano del consumidor (literalmente). Desde el ancestral sistema del trueque de productos hasta el enfoque contemporáneo del comercio electrónico, el sector minorista ha experimentado una rápida expansión, ofreciendo a los consumidores opciones virtualmente ilimitadas para que puedan darse un capricho con los productos de moda más actuales.

Historia del comercio minorista

El comercio minorista es un sector relativamente joven que se encuentra sometido a un continuo proceso de adaptación a los cambios que se producen en la cultura y en la tecnología para satisfacer las demandas de los consumidores. La costumbre de acudir a un establecimiento físico en busca de un tipo o género de artículos específicos se popularizó rápidamente a medida que las naciones se industrializaban y los artículos producidos en serie comenzaron a estar disponibles.

Para una mejor comprensión de los entornos minoristas contemporáneos es importante conocer sus orígenes. El paisaje actual del comercio minorista tiene una dimensión metropolitana si lo comparamos con los centros de comercio originales establecidos por las primeras colonias. Estos centros de comercio constituían un medio para abastecer a estos asentamientos humanos con productos básicos, como alimentos, ropa y refugio. Durante este período, los colonos utilizaban el sistema de trueque, que consiste en intercambiar un producto por otro, bien fueran productos agrícolas, suplidos por los granjeros locales, o pieles y carne, proveídos por los tramperos.

Hacia finales del siglo XIX, estos centros de comercio comenzaron a agrupar artículos similares en secciones para facilitar la compra por parte del cliente; se conocían como almacenes generales y, con el paso del tiempo, se convirtieron en establecimientos que comercializaban una única tipología de producto como, por ejemplo, ropa, zapatos y accesorios. En la actualidad, a estas tiendas se las conoce como establecimientos especializados; los analizaremos con detalle a lo largo de este capítulo.

A medida que empezó a evolucionar la tecnología tras la Revolución industrial, el ir de compras se convirtió en un pasatiempo que consistía en visitar las tiendas para contemplar los novedosos artículos producidos gracias a los avances tecnológicos. Esto permitía vender un mayor número de artículos acabados, lo que condujo al establecimiento de precios competitivos y a la diversificación de opciones para el consumidor. Cuando empezó a crecer la demanda de estos productos, la aparición de los grandes almacenes fue una bendición para el cliente. Algunos de los primeros grandes almacenes fueron David Jones (Australia), Marshall Field & Company (Estados Unidos) y Le Bon Marché (Francia); todos abrieron sus puertas entre mediados y finales del siglo XIX.

2

2-3 HISTORIA DEL COMERCIO MINORISTA

El comercio minorista no ha dejado de evolucionar desde los orígenes del intercambio con los nativos americanos en las colonias estadounidenses hasta la construcción de grandes almacenes y establecimientos especializados, que comenzaron a desarrollar iniciativas de servicio al cliente para atraer a los consumidores. Las escenas que presentamos muestran los primeros años del sector minorista y captan los inicios de una industria global.

3

"Cuando se fundó este negocio, queríamos ganarnos la confianza del público a través del servicio, porque yo estaba convencido, tanto entonces como ahora, de que solo un buen servicio al público produce la comprensión y satisfacción mutuas entre cliente y comerciante. Por eso nuestro negocio se fundó sobre el eterno principio de la regla de oro".

James Cash Penney, sobre su primer gran almacén, el Golden Rule Store, hacia el año 1900.

Diferencias entre retailing y establecimiento minorista

Aunque existe una aceptación generalizada de que los establecimientos minoristas comercializan un tipo específico de productos, es importante saber que una empresa minorista es un negocio que ofrece tanto productos como servicios para uso personal del consumidor. A menudo se da por sentado que la mayoría de los establecimientos minoristas solo ofrecen indumentaria, moda, menaje, ropa para el hogar y productos electrónicos; por tanto, es necesario reconocer los demás productos y servicios que ofrecen para comprender la dimensión del término.

Así, por ejemplo, un dentista comercializa sus servicios ofreciendo a sus pacientes exámenes dentales, higienes bucales y radiografías. En sí mismos, no son artículos que el cliente pueda meter en una bolsa y llevarse a casa, sino que son servicios proporcionados por un establecimiento minorista que responde a una necesidad personal. Tras un estresante final de trimestre en la universidad, tal vez optemos por utilizar ese vale regalo por un masaje que nos regaló un familiar; así pues, acudimos al masajista e intercambiamos el vale regalo por un masaje de una hora. Aunque no salgamos de la consulta con un artículo tangible, lo cierto es que hemos pagado por un servicio que nos ha ayudado a aliviar el estrés y la tensión. El servicio es, en este caso, el masaje, y el pago monetario es el vale regalo. El análisis de diversos servicios fuera del comercio minorista de moda nos ayudará a entender la definición de establecimiento minorista y, en el futuro, nos permitirá reconocer estos productos y servicios.

4

5

Una vez identificados los minoristas, es importante diferenciarlos entre sí, además de reconocer las estrategias que emplean para a atraer nuevos clientes mientras intentan retener a sus clientes actuales. El retailing está formado por las diversas estrategias y actividades que añaden valor a los artículos y servicios que se venden a los consumidores para su uso personal. Así, un establecimiento minorista puede introducir nuevos elementos decorativos o expositores en el espacio de venta para crear una campaña de marketing que promocione las ventas. Estas tácticas pueden describirse como actividades o estrategias minoristas, que añadirán valor a los productos o servicios que se ofrecen a los consumidores.

4·5 LA CORRECTA COMBINACIÓN DE ACTIVIDADES MINORISTAS

Los minoristas intentan encontrar una combinación de actividades que contribuya a promocionar la marca y, al mismo tiempo, atraiga y fidelice al cliente. Harrods utiliza el diseño del establecimiento y el visual merchandising como herramientas estéticas para despertar el interés del cliente. La reciente colaboración entre Natalia Vodianova, Dior y Harrods es el ejemplo de una táctica de marketing que atrae el interés del consumidor mientras le informa sobre los nuevos productos.

ACTIVIDADES MINORISTAS

El establecimiento minorista puede desarrollar diversas actividades con el objetivo de apoyar tanto al cliente como a la empresa. Las siguientes actividades pueden implementarse solas o combinadas entre ellas para alcanzar algún objetivo específico del minorista:

× Visual merchandising y presentación visual del producto en displays.
× Publicidad o marketing.
× Servicio de interacción con el cliente.
× Branding.
× Diseño del punto de venta.
× Logística.

Diferencias entre retailing y establecimiento minorista

La cadena de abastecimiento

No podemos hablar sobre el comerciante minorista sin entender su papel dentro del mercado del consumo. En la cadena de abastecimiento, el minorista es el vínculo entre el fabricante y el consumidor. Una cadena de abastecimiento está formada por un conjunto de empresas que producen y distribuyen productos y servicios para los consumidores. Podemos imaginárnosla como una formación lineal que comienza en la producción y termina en el consumo. Entre ambas fases, encontramos subsistemas que contribuyen al flujo de mercancías; estos subsistemas son el minorista y el mayorista.

Un mayorista es una empresa integrada en la cadena de abastecimiento que:

× Compra artículos a los fabricantes o a otros mayoristas.
× Pasa a ser el propietario legítimo de estos artículos.
× Almacena, manipula y distribuye estos artículos.
× Revende posteriormente los artículos a los comerciantes minoristas (o directamente al consumidor).

Aunque la mayoría de las tareas que realizan mayorista y minorista son las mismas, el mayorista suele vender su mercancía al minorista, mientras que este vende sus productos al usuario final. Sin embargo, desde que Internet se ha convertido en una de las principales herramientas para la venta de productos, los mayoristas han comenzado a establecer relaciones directas con los consumidores, sorteando los canales de venta minorista en el proceso. Esta situación puede observarse en compañías como Costco Wholesale, una empresa con sede en Estados Unidos que comercializa diversos productos y servicios tanto en tiendas físicas como a distancia. Los consumidores pueden hacer sus pedidos al mayorista, que les ofrece un generoso descuento por unidad en productos comprados al por mayor.

FLUJO DE MERCANCÍAS

FABRICANTES

Convierten la materia prima en fibras, tejen y tintan la hilatura. Venden el producto a los mayoristas o trabajan con minoristas en el desarrollo de sus propios diseños.

MAYORISTAS

Asumen la propiedad y almacenan gran cantidad de artículos producidos por los fabricantes, que suelen suministrar a minoristas, aunque a menudo también los venden directamente al consumidor.

La integración de servicios

El concepto que define a las empresas que ofrecen múltiples actividades y servicios a lo largo de la cadena de abastecimiento minorista se conoce como integración vertical de servicios. En el sector minorista existen tres tipos de integración vertical de servicios. El primero, la integración en la cadena de ventas o integración hacia delante, se produce cuando un fabricante provee de uno o más conjuntos de actividades a la cadena de abastecimiento minorista, manteniendo el control sobre sus distribuidores. Así, por ejemplo, Ralph Lauren no solo posee el control del diseño y la fabricación de sus productos sino que además provee de artículos al por mayor a multitud de grandes almacenes y boutiques privadas, tanto en Estados Unidos como en otros países. También podemos encontrar productos Ralph Lauren tanto en establecimientos que comercializan sus marcas genéricas como en Internet.

La integración hacia atrás, o hacia la cadena productiva, se produce cuando una firma realiza ciertas actividades de fabricación y distribución mayorista o posee un control limitado sobre sus proveedores. Un ejemplo de empresa que aplica la integración hacia atrás es IKEA, que almacena gran cantidad de productos en instalaciones que actúan como establecimientos minoristas. IKEA tiene la capacidad de almacenar la mayor parte de sus existencias, así reduce la necesidad de contar con almacenes y centros de distribución a distancia. En este caso, la empresa actúa como mayorista y minorista al mismo tiempo.

Finalmente, en la integración compensada la empresa fabrica, distribuye al por mayor y comercializa al por menor sus productos, y mantiene un control absoluto sobre la producción y distribución. American Apparel es un ejemplo de integración compensada, ya que la firma diseña, fabrica y vende sus artículos en sus establecimientos, aunque también ofrece productos al por mayor y produce marcas genéricas para terceros. La integración compensada permite que la compañía tome decisiones empresariales conscientes que pueden afectar, potencialmente, a gran parte de la misma.

6 LA CADENA DE ABASTECIMIENTO DE LA MODA

Cada integrante de la cadena de abastecimiento juega un papel decisivo en el comercio minorista de moda. Simultáneamente, a medida que el flujo de artículos pasa del fabricante al consumidor, el flujo de información relativo al uso de productos y servicios vuelve del consumidor al fabricante.

MINORISTAS

Venden sus artículos directamente a los consumidores para su uso personal. A la hora de comprar productos a fabricantes y mayoristas, tienen en cuenta las necesidades y preferencias del consumidor.

CONSUMIDORES

Compran productos en función de diversos motivos, recurren a los minoristas o a los mayoristas directamente para satisfacer sus necesidades personales.

FLUJO DE INFORMACIÓN   6

Clasificación de los establecimientos minoristas

Una vez adquirido un conocimiento detallado sobre las diferencias entre las empresas minoristas y las estrategias que emplean para promocionar la venta de sus artículos, ha llegado el momento de definir los diferentes tipos de establecimientos minoristas. La tipología del establecimiento se refiere a la clasificación de su espacio de venta, tanto si está ubicado en una localización concreta como si se trata de comercio a distancia, y ayuda al consumidor a diferenciar claramente el tipo de artículos que comercializa el minorista.

Los establecimientos comerciales *in situ* o puntos de venta físicos se conocen en inglés como tiendas *brick and mortar* (literalmente, 'ladrillo y mortero'), término que deriva de los primeros métodos de construcción y que define un espacio físico, o localización concreta, que el minorista utiliza para comercializar sus productos o servicios. El término *brick and mortar* solo se refiere a aquellos espacios físicos a los que los consumidores pueden acudir para realizar sus compras; los negocios de Internet no se incluyen en esta categoría porque no pueden visitarse físicamente. Sin embargo, muchos minoristas completan las operaciones que realizan en sus tiendas físicas con estrategias de comercio electrónico (que trataremos más adelante en este capítulo), como la venta por Internet o el envío de catálogos o correos electrónicos personalizados. A continuación detallamos los tipos de establecimientos minoristas más habituales dentro de la categoría de puntos de venta físicos localizados *in situ*: las boutiques, los establecimientos especializados, los grandes almacenes, las tiendas de descuento, los *outlets* de fabricantes de moda, los hipermercados y los clubs de compra.

Las boutiques

Una boutique es un establecimiento minorista que vende sus productos a un nicho de mercado, generalmente de gama alta, y en el que la cantidad de artículos es limitada y se vende a un precio elevado. El término *boutique*, de origen francés, significa 'tienda', y se utilizaba para designar a los establecimientos que comercializaban una única línea de productos especializados, como tejidos o joyas. En la actualidad, la palabra *boutique* suele referirse a empresas minoristas con un único punto de venta físico (o unos pocos) en el que se comercializa una combinación de artículos que no se encuentran habitualmente en minoristas orientados al mercado de masas. Las boutiques suelen contar con superficies de venta de reducidas dimensiones, en las que exponen la mayor parte de los productos que tienen en *stock*, debido a la disponibilidad limitada de artículos y a la carencia de espacio para almacenar existencias.

Los establecimientos especializados

Los establecimientos especializados son tiendas minoristas que comercializan un producto específico y los accesorios asociados al mismo. Dan servicio a un determinado segmento demográfico o trabajan con un surtido concreto de productos; por regla general, su gama de artículos es muy limitada. Los establecimientos especializados presentan una superficie de venta de dimensiones variables, aunque mantienen un concepto uniforme de tienda minorista en cada una de sus localizaciones.

El éxito del establecimiento especializado depende de tres factores:

× La amplitud del surtido de artículos que en él se comercialicen (por ejemplo, un único modelo de camisa en una gran variedad de colores).
× Las dimensiones del punto de venta físico, que deben ser suficientes para dotar a todos los productos de una fácil visibilidad y permitir a los clientes un rápido acceso y salida del local.
× La excelencia en el servicio al cliente.

A medida que un establecimiento especializado comienza a multiplicar su número de localizaciones, los gastos empresariales se reducen, ya que el departamento de compras obtendrá mayores descuentos por la compra de mayor cantidad de producto; asimismo, las primas de los seguros del personal se abaratarán gracias a una mayor inversión en la póliza general. Estas reducciones en los gastos del negocio permitirán al minorista especializado invertir en establecimientos subespecializados, derivados de la tienda original y dirigidos al consumidor que busque un surtido de productos más definido, basado en la oferta original del minorista.

Así, por ejemplo, Gap ha abierto dos tiendas subespecializadas que dan servicio a clientes que confían en la reputación de la empresa pero buscan artículos específicos que no suelen comercializarse en los puntos de venta que Gap tiene en todo el mundo. La primera de ellas, Gap Kids, vende ropa y accesorios de moda a padres con bebés y niños pequeños. El surtido de producto de esta tienda se parece al que podemos encontrar en una tienda Gap, aunque se comercializa en tallaje infantil. Recientemente, Gap ha puesto en marcha sus tiendas Gap Body, que ofrecen un amplio surtido de ropa íntima y accesorios, tanto para hombre como para mujer, incluyendo artículos y accesorios de baño. A menudo, estas tiendas subespecializadas se ubican cerca de los establecimientos de la empresa matriz, lo que anima al consumidor a comprar en ambos establecimientos.

Los grandes almacenes

Los comercios minoristas que ofrecen una amplia gama de artículos, incluyendo productos textiles y artículos para el hogar, se conocen como grandes almacenes. El término inglés, *department store*, hace referencia a los antiguos almacenes de mercancías que solían agruparlas en diferentes categorías para facilitar a sus clientes la compra de diversos productos en un único establecimiento. Los grandes almacenes cuentan con superficies de venta de grandes dimensiones, por regla general distribuidas en varias plantas. Cuando el surtido del gran almacén incluye productos textiles y artículos para el hogar se incluye dentro de la categoría de gama completa; Harrods y Macy's son grandes almacenes de gama completa gracias a su amplio surtido en ambos tipos de producto.

Un gran almacén especializado ofrece un amplio surtido, pero solo de indumentaria y accesorios de moda. Este tipo de establecimiento ha ido ganando peso en el panorama minorista actual debido a la introducción y al éxito empresarial de los minoristas de descuento (véase la sección dedicada a los hipermercados en la página 23). Los grandes almacenes de las ciudades importantes suelen contar con un establecimiento insignia, generalmente el de mayores dimensiones, el que cuenta con más productos y servicios. Para servir a segmentos demográficos reducidos, el gran almacén abre sucursales o puntos de venta en zonas suburbanas; ello le permite utilizar su identidad como establecimiento minorista, fácilmente reconocible, y reducir la escala de la superficie de venta y el surtido de productos para adecuarlos a localizaciones más limitadas y/o mercados que representen mayores desafíos.

Clasificación de los establecimientos minoristas

8

9

7-9   TIPOS DE MINORISTA

Conocer los diversos tipos
de establecimientos minoristas
ayuda a comprender el
objetivo de la empresa en
su conjunto y proporciona
una mejor comprensión del
funcionamiento de sus oficinas
centrales por lo que se refiere
a la compra, el marketing y el
visual merchandising.

Clasificación de los establecimientos minoristas

Las tiendas de descuento

A medida que los consumidores han adquirido mayor conciencia de los costes que conlleva la moda pronta que compran, los minoristas han comenzado a sacar partido de las tiendas de descuento, una tendencia al alza que ofrece artículos de temporadas pasadas o restos de serie. Una de las pioneras de esta tendencia fue Frieda Loehmann, quien, en 1921, comenzó a comprar este tipo de mercancía para revenderla a sus clientas a precios rebajados.

Las tiendas de descuento están formadas por minoristas que ofrecen a los consumidores una combinación de productos textiles y artículos para el hogar a precios significativamente más reducidos que los que ofrecen los minoristas tradicionales. Las tiendas de descuento compran a precios muy reducidos artículos fuera de temporada (o pasados de moda) a los minoristas tradicionales para revenderlos a los consumidores a un precio inferior al de venta recomendado por el fabricante.

Las oficinas de compras de los minoristas de descuento trabajan con los vendedores minoristas para comprar excedentes de compra o artículos que ya no se comercializan en las tiendas, con el objetivo de adquirirlos a un precio inferior al original y revenderlos. Este comportamiento de compra se conoce como compra oportunista; las oficinas de compra aprovechan la oportunidad para adquirir excedentes a bajo precio pero no podrán realizar pedidos adicionales cuando los artículos se agoten en sus tiendas. Como el surtido de producto lo establece la compra oportunista, las tiendas de descuento suelen situarse lejos de los establecimientos minoristas tradicionales, para evitar la competencia de precios entre ambos.

A diferencia de los minoristas tradicionales, las tiendas de descuento suelen carecer de la calidad y del servicio al cliente del que disfrutan los establecimientos especializados y los grandes almacenes. Su principal objetivo es hacer que el consumidor se beneficie del ahorro en los costes y obtener, al mismo tiempo, un beneficio. A menudo, estos establecimientos resultan poco atractivos estéticamente, carecen de un concepto cohesivo y no se apoyan en estrategias de merchandising para vender el producto. Cultivan una mentalidad WYSIWYG (o *what you see is what you get*, es decir, lo que se ve es lo que se obtiene) y una vez vendido el producto, no puede reponerse, al haberse agotado sus existencias. No obstante, esto motiva al comprador que solo adquiere artículos de descuento y que no quiere pagar el precio de venta al público recomendado por el fabricante.

Siguiendo el concepto de las tiendas de descuento han surgido otros tres tipos de establecimientos minoristas: los *outlets* de fabricantes de moda, los hipermercados y los clubs de compra. Todos funcionan como una tienda de descuento pero ofrecen al consumidor diferentes entornos de compra.

Los *outlets* de fabricantes de moda

Los establecimientos minoristas que comercializan un surtido de productos de una única marca a precios inferiores al precio de venta al público recomendado por el fabricante se conocen como *outlets* de fabricante de moda o *factory stores* (es decir, tiendas directas de fábrica). Este tipo de establecimiento minorista está experimentando un rápido crecimiento ya que permite que las empresas ofrezcan descuentos significativos en artículos fuera de temporada, con taras o excedentes, pero mantienen la misma visibilidad de su imagen de marca que en sus puntos de venta tradicionales. Los outlets de fabricantes de moda suelen agruparse en ubicaciones concretas (a modo de centros comerciales periféricos), en locales alquilados a las empresas propietarias de los terrenos e instalaciones.

Entre los principales agentes de arrendamientos inmobiliarios se encuentran Tanger Outlets y Premium Outlets, con sede en Estados Unidos, y McArthurGlenn Designer Outlet, con sede en Europa. En estos centros comerciales de outlets encontramos tiendas que van desde el segmento medio hasta la gama alta del mercado minorista, como, por ejemplo, Gap, Levi's, DKNY, Prada y Gucci. Por regla general, estos centros comerciales de outlets están situados en zonas suburbanas, lejos de la competencia a precio completo, localizada en zonas consideradas destinos de compras para los consumidores fieles a las marcas.

Los hipermercados

Los hipermercados (o minoristas orientados al precio) son establecimientos que ofrecen un surtido de productos textiles y artículos para el hogar a precios significativamente inferiores a los habituales. Aunque estos minoristas trabajan con marcas muy conocidas, pueden ofrecerlas a precios reducidos gracias a que compran mercancía en grandes cantidades, lo que les permite realizar un descuento en beneficio del consumidor. En ocasiones, estos hipermercados se conocen como *megastores*, pues su superficie de venta es enorme y carente de interés desde el punto de vista arquitectónico.

Las megastores procuran mantener bajos costes operativos mientras ponen a la venta grandes cantidades de *stock*. En el pasado, estos minoristas contaban con tiendas ancla en los centros comerciales; sin embargo, recientemente han trasladado sus instalaciones y se han convertido en destino de compras por derecho propio, como sucede con los centros comerciales de outlets. Algunos ejemplos de este tipo de establecimiento minorista incluyen Walmart, cuyas oficinas centrales están en Estados Unidos, y Tesco, con sede en el Reino Unido. Aunque ambos han cosechado un gran éxito, Walmart ha mantenido su liderazgo durante años, tanto por lo que se refiere a beneficios como a número de puntos de venta en todo el mundo, y mantiene su rápida expansión por los mercados asiático y sudamericano.

Los clubs de compra

Finalmente, encontramos a los mayoristas de la venta minorista, los clubs de compra, que compran y almacenan grandes cantidades de artículos surtidos, tanto textiles como para el hogar, que revenden en masa a los consumidores a precios rebajados. El descuento deriva de la compra de múltiples unidades de un mismo producto, así como del cobro de una cuota que suele pedirse para entrar a formar parte del club. Estos minoristas comercian con la mercancía en volúmenes tan grandes que pueden aplicar un margen mínimo, repercutiendo el ahorro en beneficio de los miembros del club.

El comercio minorista *in situ* y a distancia

Como hemos comentado, los establecimientos minoristas *in situ* son aquellos puntos de venta físicos que el consumidor visita para realizar sus compras. Además de este proceso comercial tradicional, existen tendencias emergentes en rápida expansión, como las tiendas *pop-up* (o establecimientos provisionales) y las empresas minoristas que utilizan tecnologías móviles para introducir nuevas marcas en el mercado. Estos canales resultan menos costosos que los establecimientos físicos tradicionales y permiten que los minoristas pongan a prueba un determinado mercado antes de implantar instalaciones permanentes en el mismo.

El comercio minorista a distancia

El comercio a distancia es el método de venta minorista que ha experimentado un crecimiento más acelerado debido, en gran parte, al aumento del uso de Internet por todo el planeta, ya sea a través de los ordenadores personales o de las aplicaciones para *smartphones*. En el comercio minorista electrónico, conocido comúnmente como *e-tailing*, la empresa minorista utiliza Internet para realizar transacciones comerciales con el consumidor, como la búsqueda, la compra o la devolución de productos.

Hace ya un tiempo que el comercio electrónico se ha convertido en rival del establecimiento minorista *in situ*, gracias a la comodidad y accesibilidad global que ofrece a los consumidores, quienes pueden investigar sobre el producto antes de comprarlo y visitar diversas páginas web en busca del mejor precio y de las opiniones de otros consumidores, tanto respecto al producto como a la empresa que lo comercializa. Una vez satisfechos con el producto elegido, muchos de estos consumidores realizarán su pedido en línea, especialmente si el envío es gratuito, cada vez más frecuente. Cuando la empresa minorista cuenta con puntos de venta *in situ* y con canales de venta por Internet, se utiliza la expresión *brick and click* (literalmente, "ladrillo y clic"), que combina el término *brick* (proveniente de *brick and mortar*) con la onomatopeya del sonido que produce el ratón del ordenador al navegar por las diferentes páginas web que ofrecen productos. Existen otros dos métodos de venta a distancia que debemos conocer, aunque no son tan populares cuando se aplican en solitario: los catálogos y el telemarketing.

EL COMERCIO MINORISTA *IN SITU*

- × Ofrece una experiencia de marca total a los consumidores.
- × Permite que el consumidor pruebe el producto antes de comprarlo, así se reduce el número de devoluciones.
- × A menudo ofrece mayores descuentos durante las rebajas con el objetivo de vaciar de productos el punto de venta físico antes de recibir nuevos artículos.
- × Proporciona puestos de trabajo dentro de la comunidad.
- × Puede ofrecer un servicio de compras por Internet dentro del mismo establecimiento.
- × Es más costoso operativamente.

EL COMERCIO MINORISTA A DISTANCIA

- × Facilita la compra, pues elimina los inconvenientes derivados del tráfico de consumidores durante los fines de semana, días festivos, etcétera.
- × A menudo, el envío y la devolución son gratuitos.
- × Permite presentar las nuevas tendencias de moda antes de que estas lleguen a los establecimientos tradicionales.
- × Los gastos generales son más reducidos.
- × Los consumidores no se sienten conectados con la marca.

Los catálogos

Un catálogo es material impreso que se envía a través de los sistemas de correo tradicionales, también conocidos como marketing directo. Spiegel, un famoso minorista por catálogo estadounidense, realizó su primer envío de marketing directo a comienzos del siglo XX, ofreciendo a las mujeres de la época artículos de vestir y de menaje para el hogar. El catálogo se convirtió en un exitoso canal de venta para este minorista hasta que la llegada de Internet lo convirtió en un canal obsoleto para atraer las ventas; esto, combinado con los diversos cambios de propietario, han vuelto irreconocible a esta empresa minorista, aunque actualmente cuenta con una página de Internet. Otras empresas de venta por catálogo de mayor éxito, como Red Envelope y Fingerhut (ambas estadounidenses y con canal de venta por Internet) ofrecen sus propias opciones de financiación para facilitar la capacidad de compra del consumidor. No obstante, ambas complementan sus acciones de marketing directo con sus respectivas páginas web.

El telemarketing

En el telemarketing, o televenta, el consumidor compra productos a través de los programas televisivos de las cadenas por cable. El más conocido de ellos, QVC, ha sido un exitoso canal de telemarketing desde 1986, cuando comenzó en la zona este de Pensilvania. El acrónimo corresponde a *quality* (calidad), *value* (precio económico) y *convenience* (comodidad), cualidades de unos productos que, además, cuentan con el respaldo de los famosos y atraen a más de doscientos millones de telespectadores en Estados Unidos, el Reino Unido, Japón, Alemania e Italia.

Muchos de los infomerciales que pueden verse en la programación televisiva de madrugada y que van dirigidos a un segmento demográfico específico también pueden considerarse televentas. El mercado para este tipo de productos es altamente expansivo, y muchos emprendedores han visto cómo sus productos se convertían en un éxito de la noche a la mañana al comercializarlos a través de este canal.

En la actualidad es importante utilizar tanto métodos *in situ* como a distancia, de modo que se llegue al mayor número de consumidores en el menor tiempo posible. Este enfoque, conocido como comercio minorista multicanal, lo analizaremos en el siguiente apartado.

"La razón de que durante los últimos seis años hayamos tenido más éxito que nuestros homólogos en el ciberespacio radica en que nos hemos centrado, como si se tratara de un rayo láser, en la experiencia de compra del consumidor, algo muy importante, en mi opinión, para cualquier tipo de negocio y, por descontado, para el negocio en Internet, donde el poder del boca-oreja es inmenso."

Jeff Bezos, director general de Amazon, 2008

Enfoques multicanal en el comercio minorista

Cuando una empresa minorista ofrece sus productos o servicios a través de diversos canales de distribución (puntos de venta físicos, páginas web, aplicaciones para *smartphones* o catálogos) hablamos de comercio minorista multicanal. Este enfoque permite que el minorista distribuya sus productos y servicios al mayor número posible de consumidores (o de consumidores potenciales) poniendo a su disposición los canales de comercialización que mejor se adecuen a los mismos.

Si se ofrecen al consumidor diversos canales para comprar artículos se pueden incrementar los ingresos por ventas y convertirse en una táctica de marketing para presentar una marca a consumidores potenciales, especialmente en los mercados donde no esté presente la empresa minorista.

COMERCIO MINORISTA OMNICANAL

Omnicanal es un término relativamente nuevo en el sector que se refiere a un enfoque integrado de la experiencia del consumidor, que vincula los enfoques multicanal (establecimientos físicos, venta por Internet, aplicaciones, etcétera) para integrarlos en una única experiencia que permita al consumidor moverse con facilidad entre los diversos canales.

Además, este enfoque permite que el minorista elimine las diferencias entre ventas por Internet, ventas en establecimiento físico, etcétera, y que asuma el proceso como un único concepto de venta. Dado que las ventas por Internet se siguen incrementando, es posible que llegue un momento en el que el comercio minorista multicanal sea reemplazado por el comercio omnicanal.

El comercio multicanal ha generado nuevas tendencias entre los minoristas a la hora de presentar su oferta de bienes y servicios, no solo debido a la dura competencia existente, sino también a las demandas del consumidor y los avances tecnológicos. Entre las tendencias que se han materializado por la necesidad de cambio en el *modus operandi* del negocio minorista se cuentan:

× Las tiendas *pop-up*.
× Los establecimientos derivados.
× Los compromisos y colaboraciones exclusivas.
× La expansión a través de adquisiciones.
× Las aplicaciones para *smartphones*.
× Los *lookbooks* y los catálogos.

Actualmente es poco habitual que una empresa minorista utilice un único enfoque comercial, ya que su oferta de producto se vería limitada y reduciría su base de clientes. Los minoristas están llegando a todos los grupos de edad, y les ofrecen el método de compra más rápido y conveniente que mejor se adapta a su estilo de vida. Como hemos comentado, el éxito de una empresa minorista reside en la combinación entre el comercio minorista *in situ* y a distancia.

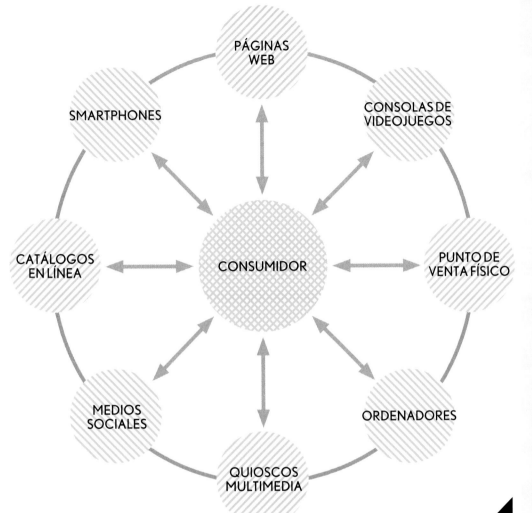

10 LOS ENFOQUES MULTICANAL

Igual que el consumidor utiliza un enfoque multicanal para llegar a sus minoristas favoritos, estos emplean dichas herramientas para llegar al consumidor. Para que una empresa minorista actual pueda tener éxito es imprescindible que trabaje con expertos en tecnología capaces de interpretar datos demográficos.

Entrevista: Kyle Muller, propietario de un establecimiento minorista

HITOS DE SU CURRÍCULUM

2001-2004

Estudia Bellas Artes, en la especialidad de Pintura y Fotografía, en la University of Texas (Austin).

2004-2007

Trabaja como diseñador gráfico para la prensa local y pequeñas firmas de diseño en Austin (Texas), donde diseña branding corporativo y marketing colateral.

2007-2008

Se traslada a Francia para trabajar como guía ciclista profesional en París.

2008-2011

Trabaja como diseñador gráfico para una firma de relaciones públicas de moda en Nueva York, donde gestiona el departamento de servicios y diseña material promocional para eventos.

2001 – ACTUALIDAD

Vuelve a Austin (Texas) y pone en marcha Sam Hill, una boutique de moda masculina orientada hacia el *vintage* y los artículos de marca genérica.

"La gente no compra lo que haces, sino tus razones para hacerlo. Si eres capaz de averiguar tus porqués y crees en ellos, otros también lo harán."

11 UNA CUIDADA SELECCIÓN

Sam Hill destila una esencia mixta entre establecimiento minorista y galería de arte, y ofrece a sus clientes un repertorio de prendas y accesorios de moda, artículos para el hogar y artículos de regalo.

Entrevista: Kyle Muller, propietario de un establecimiento minorista

P ¿Cuál ha sido la evolución de la marca Sam Hill?

R Me encanta la ropa y las reliquias del pasado, que me han obsesionado toda mi vida, y me di cuenta de que en Austin existía un nicho por cubrir, el de la boutique vintage refinada. Intento que el estándar de los artículos que tenemos en *stock* nos diferencie del resto de las tiendas de la ciudad. El año pasado decidí poner en práctica esta idea, tras llevar varios años dándole vueltas. Ya conocía las prendas vintage, así que comencé a entablar contactos; en la actualidad cuento con varios proveedores de artículos vintage y una ruta de aprovisionamiento de indumentaria en la que obtengo las existencias para la tienda.

P ¿Cuál fue tu primer trabajo en el sector minorista y de qué modo, junto con otros empleos posteriores, te ha ayudado a abrirte camino hacia tu situación profesional actual?

R Trabajé en el sector minorista cuando tenía dieciséis años y aún estaba en secundaria. Era un restaurante temático situado en un centro comercial, en cuya tienda de regalos trabajé como dependiente. Aunque no me interesaba su producto, disfruté mucho relacionándome con la gente. El trabajo que más ha influido en la creación de mi propia marca minorista ha sido mi carrera como diseñador gráfico; el branding y el marketing son dos de los campos en los que he adquirido un conocimiento que me ha ayudado en la creación de Sam Hill.

P ¿Puedes darnos una idea general de las tareas diarias que comporta gestionar una boutique minorista?

R Actualmente no tengo inversores, por lo que opero con un presupuesto limitado. Eso quiere decir que yo me encargo de todo, desde las tareas financieras y contables hasta la limpieza y reformas del local. Cada día hay una lista abrumadora de tareas que deben hacerse; no obstante, intento priorizar y comenzar por las más importantes. ¿Qué es lo más importante que debe hacerse hoy? ¿Qué nos reportará una mayor recompensa?

12-13   LA ESTÉTICA COUNTRY DE SAM HILL

El diseño rústico contemporáneo de Sam Hill proporciona el marco adecuado para los descubrimientos vintage y los artículos de marca propia que se comercializan en la boutique.

P Si volvemos atrás,
al momento en el que
desarrollaste la tienda,
¿cuál dirías que ha sido la
tarea más difícil para llevar
tu visión a buen puerto?
¿Y la más fácil?

R La más difícil ha sido
encontrar el tiempo y el
dinero necesarios porque,
generalmente, cuando
tienes uno careces del otro,
y ambos son imprescindibles
para llevar a cabo tu visión.
La tarea más fácil fue
recabar la atención de la
prensa, y ganarme el interés
de la clientela y el apoyo de
las publicaciones locales.

12

P ¿Qué consejo les darías a
los futuros emprendedores
del comercio minorista?

R La gente no compra lo que
haces, sino tus razones para
hacerlo. Si eres capaz de
averiguar tus porqués y
crees firmemente en ellos,
otros también lo harán. Mi
visión es poseer mi propia
marca a nivel internacional
y contar con diversos
establecimientos minoristas.

13

Caso práctico: Harvey Nichols

A comienzos del siglo XIX, un emprendedor llamado Benjamin Harvey puso en marcha una tienda de ropa de cama en una casa adosada en Knightsbridge (Londres). Al fallecer Harvey, el negocio quedó en manos de su hija, quien más tarde contraería matrimonio con un prominente importador del Lejano Oriente, el coronel Nichols. Ambos combinaron sus artículos para comercializarlos bajo un mismo techo y abrieron una nueva tienda que se llamó, como no podía ser de otro modo, Harvey Nichols.

En 1880 se construyó un local más amplio para mostrar la extensa variedad de ropa de cama, alfombras orientales, sedas y otros artículos de lujo que se vendían en el establecimiento. Tras funcionar unos cuarenta años, otro notorio minorista, Debenhams, compró Harvey Nichols y en 1985 se vendió al Burton Group, con sede en Londres. La empresa Dickson Concepts (International) Ltd, con sede en Hong Kong y propietaria de otros minoristas de moda (como Tod's, Tommy Hilfiger y American Eagle Outfitters), adquirió los grandes almacenes y, posteriormente, traspasó la propiedad de los mismos al doctor Dickson Poon, un prominente hombre de negocios propietario de empresas minoristas en Europa, Asia y Norteamérica.

"Los maniquíes abstractos muestran a los consumidores la faceta más amena del establecimiento y del diseñador, haciendo que el producto y el espacio cobren vida de inmediato."

14 EL MIX VISUAL MÁS ADECUADO

Harvey Nichols combina a la perfección moda, arte y arquitectura para crear espectaculares displays visuales, tanto en el exterior como en el interior del establecimiento.

Desde sus orígenes, Harvey Nichols ha pasado de vender ropa de cama y alfombras orientales a ofrecer artículos de alta moda para hombre, mujer y niño. El establecimiento comercializa artículos de lujo contemporáneos, aunque ha comenzado a introducir diversas líneas de difusión y ha incorporado un porcentaje elevado de marcas propias con la esperanza de mantener a raya los costes y ofrecer un cierto ahorro a sus clientes.

Este refinado concepto compite con otros grandes almacenes, como Barneys y Nordstrom, que tienden a atraer a un segmento demográfico más joven e interesado por la moda. La empresa hace gala de una atención al cliente por la que es conocida, y ofrece servicios como los *personal shoppers*, la entrega a domicilio, y un increíble servicio llamado *click and collect* ("haga clic y recoja") que permite que el consumidor compre por Internet y recoja sus compras en los establecimientos físicos.

14

Caso práctico: Harvey Nichols

Diseño contemporáneo, por dentro y por fuera

Además de una amplia selección de artículos de diseñador y un impecable servicio al cliente, Harvey Nichols ofrece unos espacios de venta bellamente diseñados para realizar sus compras. Desde sus tradicionales escaparates londinenses hasta los exteriores más contemporáneos que podemos apreciar en sus establecimientos de nueva construcción en Oriente Próximo, la arquitectura y el diseño interior conjugan a la perfección forma y función, creando un entorno en el que los productos se muestran en todo su esplendor y permite que los clientes paseen con fluidez.

Una vez en el interior, los detalles arquitectónicos, la potente iluminación y unos memorables displays mantienen a los compradores inmersos en el universo Harvey Nichols, del que pasan a formar parte. Los maniquíes abstractos, colocados en enérgicas poses, muestran a los consumidores la faceta más amena del establecimiento y del diseñador, y consiguen que el producto y el espacio cobren vida de inmediato. A medida que el establecimiento ha evolucionado, lo ha hecho también la marca, que siempre intenta superar las fronteras del comercio minorista. Harvey Nichols no solo cautiva al cliente a través de su *mix* de producto sino a través del marketing, del visual merchandising y de sus inolvidables displays.

Otro factor clave que ha contribuido al gran éxito de esta empresa minorista son los establecimientos de alimentación asociados al nombre Harvey Nichols, situados tanto en el interior de los grandes almacenes como en tiendas independientes. Como sucede con otros grandes almacenes, la introducción de servicios de hostelería y alimentación en el punto de venta se ha convertido en una iniciativa muy lucrativa, ya que hace que los clientes se queden en el establecimiento, dediquen más tiempo a comprar y, con un poco de suerte, gasten más dinero. Como cualquier otro comercio minorista, Harvey Nichols es consciente de que el número de artículos por transacción aumenta cuanto más tiempo permanecen los consumidores en el interior de la tienda.

"Harvey Nicks, como a menudo se conoce, ha sido líder del sector durante mucho tiempo y ha demostrado ser un activo necesario en muchas zonas comerciales del planeta."

15 LA PREPARACIÓN DEL ESCENARIO

Parte del éxito de Harvey Nichols reside en su capacidad para cautivar visualmente al público gracias al equilibrio de forma y función. Escaparates, áreas de descanso y espacios escénicos son de una belleza digna de contemplar, sin dejar de ser accesibles y funcionales para el consumidor.

La expansión de la marca Harvey Nichols

Harvey Nicks, como a menudo se conoce, ha sido líder del sector durante mucho tiempo y ha demostrado ser un activo necesario en muchas zonas comerciales del planeta. Con siete puntos de venta en el Reino Unido, uno en Escocia, y varios establecimientos en destinos exóticos, como Turquía, los Emiratos Árabes Unidos y China, Harvey Nichols pronto abrirá sus puertas en la lujosa región del Cáucaso (situada junto al mar Caspio), concretamente en Bakú (Azerbaiyán). Esta región está cosechando una creciente popularidad entre viajeros del mundo entero, por lo que parece lógico ofrecerles la experiencia de compra de primera línea que puede proporcionarles Harvey Nichols .

La avanzada mentalidad de Harvey Nichols, su sólida estrategia de marca y su expansión internacional han dado como resultado un gran éxito para la marca. Sin embargo, la combinación de sus estrategias minoristas, desde la gestión del punto de venta hasta el merchandising, ha sido lo que la ha convertido en líder del segmento de los grandes almacenes especializados.

15

Resumen del capítulo 1

En este capítulo hemos presentado el comercio minorista como un lucrativo sistema que proporciona al consumidor productos y servicios para su uso personal. Con un breve análisis de la prolongada historia del comercio minorista, hemos visto cómo ha evolucionado y sigue evolucionando para responder a las demandas del consumidor. Hemos desglosado los diversos tipos de establecimientos comerciales físicos, lo que nos ha permitido entender las diferencias que existen entre la multitud de tiendas que visitamos de manera habitual. Para el consumidor, las tiendas físicas y los catálogos han sido, tradicionalmente, los principales canales de obtención de bienes de consumo; sin embargo, desde la introducción de Internet, hemos asistido al surgimiento de multitud de canales que facilitan la búsqueda de artículos más baratos por todo el planeta. El uso de diversos enfoques minoristas no solo pone a disposición del consumidor una mayor variedad de artículos, sino que permite que el minorista alcance un mayor radio de acción dentro del mercado global. Es importante tener en cuenta que, independientemente del tipo de establecimiento y de los enfoques multicanal utilizados, el objetivo último de la empresa minorista es incrementar sus beneficios y reducir, al mismo tiempo, los costes operativos.

Preguntas y temas de debate

1. Explica brevemente algunos de los acontecimientos que provocaron el paso del trueque de bienes y servicios a su compra en tiendas especializadas.
2. Explica la diferencia entre *establecimiento minorista* y *retailing*. Pon ejemplos de ambos.
3. Define los diversos tipos de establecimientos minoristas. ¿Qué podemos aprender de las diferencias que existen entre ellos?
4. ¿Qué significa la expresión *brick and mortar*? ¿Cuál es su relación con el término *brick and click*?
5. ¿En qué se diferencian los minoristas de descuento de los de precio completo? En tu opinión, ¿qué enfoques deberían adoptar los minoristas de descuento para mejorar la experiencia de compra del consumidor?
6. El término *multicanal* se está sustituyendo, poco a poco, por un nuevo enfoque, llamado *omnicanal*. ¿Crees que se trata del nuevo enfoque del comercio minorista? Pon ejemplos que justifiquen tu opinión.

Ejercicios

Basándote en la lectura del capítulo, escoge tres establecimientos minoristas que no compartan la misma empresa matriz y haz una lista de los siguientes elementos:

× Nombre de la empresa minorista.
× Tipo de establecimiento minorista (según las tipologías analizadas en este capítulo).
× Fecha de fundación.
× Situación de las oficinas corporativas o centrales.
× Número aproximado de puntos de venta.
× Surtido de producto (ropa femenina, masculina, accesorios, artículos para el hogar, etcétera).

Cuando hayas recopilado esta información, responde a las siguientes preguntas:

1. ¿El minorista utiliza un enfoque multicanal? En caso afirmativo, ¿qué tipo de enfoque *in situ*/a distancia utiliza?
2. Identifica un enfoque implementado por cada uno de los minoristas elegidos. ¿Crees que este método da buen resultado? ¿Por qué?
3. ¿Qué enfoques adicionales sugerirías al minorista? ¿Le sugerirías que dejase de utilizar algún enfoque concreto?
4. Tras analizar los minoristas de tu elección, analiza la evolución de cada uno por lo que se refiere a los enfoques utilizados para adaptarse a las necesidades del consumidor.

Consejo: aunque inicialmente recopilar esta información parezca complicado, suele encontrarse disponible en la página web de la empresa. Busca al final de su página los enlaces sobre la información empresarial. También podemos visitar sus establecimientos y hablar con el jefe de tienda o con el encargado.

LOS MERCADOS DE CONSUMO MINORISTA

2

La tecnología ha permitido que las empresas minoristas ganen una valiosa cuota de mercado en zonas del planeta a las que, de otro modo, nunca hubiesen podido acceder. Un minorista siempre debe tener en cuenta la demanda de los mercados de consumo a los que ofrece sus artículos, es decir, analizar las características sociales y psicológicas de sus mercados, tal y como haría con las tendencias de moda. Incluso en sus mercados locales, las empresas minoristas deben realizar una exhaustiva investigación de mercado cuando se enfrentan a situaciones como la elección del emplazamiento de sus establecimientos físicos, la introducción de una nueva marca o el relanzamiento de una marca obsoleta. Los minoristas no solo deben ser expertos en economía de consumo sino también ser capaces de comprender los factores que influyen en las motivaciones de compra, que tienen su origen en circunstancias tanto psicológicas como socioeconómicas y que determinan la percepción de la marca por parte de su público objetivo.

1 ACCESO GLOBAL

Muchas empresas minoristas están experimentando una expansión a nivel global, tanto a través de sus establecimientos físicos como del comercio electrónico. Independientemente del canal de distribución empleado para llegar al consumidor, los minoristas deben ser capaces de dar respuesta a las necesidades de los mercados en los que intenten implantarse. El minorista español Zara, con la apertura de numerosos establecimientos en África, Asia y Oriente Próximo, es un buen ejemplo de ello.

Comportamiento de compra del consumidor

¿Qué empuja a un consumidor a decidirse por un determinado color, marca o precio? ¿Cómo analizan las empresas minoristas a sus consumidores para proporcionarles la mayor satisfacción posible? Estas preguntas son solo la punta del iceberg a la hora de examinar el comportamiento de los consumidores y los motivos que les impulsan a ir de compras y a adquirir determinados artículos de una forma concreta.

La forma de comprar del consumidor analiza cómo los individuos o grupos eligen, adquieren y descartan productos y servicios para satisfacer necesidades específicas. Los estudiosos del comportamiento del consumidor analizan factores relacionados con la psicología, la sociología y la economía del consumo, y sus investigaciones se centran en el individuo o grupo (conocidos como usuario final) que selecciona el producto, lo compra y, finalmente, lo utiliza.

LOS MINORISTAS EXAMINAN TRES MOTIVACIONES DE COMPRA EN EL CONSUMIDOR:

Motivaciones racionales: se dan cuando los consumidores toman decisiones de compra basadas en un análisis racional que tiene en cuenta varios factores, como la garantía, la seguridad en el uso, el precio o la practicidad. Los productos adquiridos bajo esta premisa suelen considerarse de primera necesidad, como el carbón durante el invierno, el maquillaje con ingredientes orgánicos en su composición o el calzado cómodo para entornos urbanos.

Motivaciones emocionales: se dan cuando la decisión de compra se basa en necesidades y/o en asociaciones emocionales con el producto o servicio en cuestión. Estas motivaciones tienen su origen en la necesidad de demostrar prestigio o un estatus social elevado, o bien en algún acontecimiento con trasfondo emocional (como la pérdida de empleo, la primera cita, etcétera).

Motivaciones de lealtad y apoyo a la marca: se dan cuando los consumidores adquieren productos o servicios basándose en sus preferencias personales y buscando factores como el servicio al cliente, la calidad del producto o la lealtad a la marca. Podemos, por ejemplo, hablar de motivaciones de lealtad cuando un cliente siempre compra ropa vaquera de su marca favorita debido a la calidad del producto y a la satisfacción que le proporciona poseerlo; aunque existan marcas más populares a un precio inferior, el cliente prefiere quedarse con la marca con la que se siente más cómodo.

Debemos tener en cuenta que, por regla general, los consumidores siempre barajan diversas motivaciones a la hora de comprar, y suelen tener una motivación primaria y una secundaria que entran en juego a la hora de tomar la decisión de adquirir una determinada marca o producto.

2 UNA RAZÓN PARA COMPRAR

Cada comprador entra en un establecimiento o visita una página web con un propósito, bien sea satisfacer una necesidad emocional o adquirir el artículo más lujoso que su marca favorita haya puesto a la venta esa temporada. Las empresas minoristas intentan comprender las necesidades de sus consumidores con la esperanza de ampliar sus mercados y de incrementar progresivamente sus ingresos por ventas.

2

Los minoristas utilizan la información que obtienen los investigadores de mercado para conocer los hábitos de compra de sus consumidores, mientras intentan atraer a nuevos consumidores potenciales que no han probado la marca o el producto con anterioridad. Para ello, las empresas minoristas analizan los diversos motivos que llevan a los consumidores a comprar de un modo determinado y sus reacciones frente a las diferentes estrategias empleadas por la empresa.

Aunque un minorista posea un control significativo en su enfoque respecto al consumidor, nunca podrá saber a ciencia cierta cómo va a reaccionar; por tanto, la empresa minorista nunca podrá predecir con precisión las necesidades de compra del consumidor. Para un minorista es importante conocer no solo las necesidades de sus consumidores sino las de los consumidores de la competencia; esto le permitirá desarrollar estrategias para captar nuevos mercados, manteniendo, al mismo tiempo, aquellos a los que ya presta servicio.

Comportamiento de compra del consumidor

Teorías de evaluación del consumidor

Para entender qué hace que los consumidores compren de una forma concreta se manejan diversas teorías. Los minoristas utilizan la información obtenida de la valoración de estas teorías para analizar los patrones de compra del consumidor y, específicamente, el proceso de toma de decisiones real. Las empresas minoristas no suelen centrarse en una única teoría, sino que utilizan una combinación de todas ellas para dar con la mezcla de estrategias minoristas más adecuada para su negocio. A continuación enumeramos algunas de las teorías más significativas que se emplean en la investigación de los mercados de consumo:

× La pirámide de necesidades de Maslow.
× La teoría de la percepción del consumidor.
× El modelo de toma de decisiones.
× La segmentación psicográfica.

La pirámide de necesidades de Maslow

Esta teoría, introducida por primera vez a mediados del siglo XX por el psicólogo estadounidense Abraham Maslow, analiza cómo las motivaciones psicológicas dirigen las acciones humanas para satisfacer necesidades personales específicas. La famosa pirámide de Maslow presenta en su base las necesidades humanas básicas (tanto psicológicas como biológicas) y, en su cúspide, la necesidad de realización personal. La teoría propone que el individuo se esfuerza por satisfacer cada una de estas necesidades (empezando por las situadas en la base de la pirámide) para alcanzar la realización, el desarrollo o la plenitud personales.

La teoría de la percepción del consumidor

La teoría de la percepción del consumidor examina cómo los sentidos del consumidor (vista, oído, olfato, gusto y tacto) perciben los estímulos sensoriales que provienen de la publicidad y del marketing. Para ello, analiza y evalúa los motivos que incitan al consumidor a adquirir determinados bienes y servicios en detrimento de otros. Esta teoría define tres tipos de percepción que motivan la compra de productos:

× La percepción propia: ¿cómo se percibe el consumidor en función de determinados valores y motivaciones?
× La percepción del precio: ¿la calidad y el servicio justifican el precio? ¿El consumidor ha conseguido el mejor precio para el producto o servicio elegidos?
× La percepción del beneficio: ¿el consumidor necesita ese producto o servicio? ¿Es capaz de racionalizar la adquisición del mismo?

3 EL MODELO DE TOMA
DE DECISIONES

A la hora de comprar un producto, el consumidor toma multitud de decisiones, según un proceso que se repite constantemente y que comienza con la identificación del problema o la necesidad, seguido por el establecimiento de los criterios de decisión, a la que siguen la generación de alternativas y la implementación de la misma. Este proceso siempre finaliza con una reflexión o evaluación de la decisión final, tras la cual el proceso vuelve a empezar, al identificar un nuevo problema o necesidad.

La segmentación psicográfica

La elaboración de perfiles del estilo de vida es otro de los métodos que emplean los investigadores para estudiar las diversas actitudes, opiniones y estilos de vida de los consumidores, y permite obtener un conocimiento más profundo del mercado objetivo de la empresa minorista. Este detallado examen del estilo de vida del consumidor permite que el minorista evalúe con precisión por qué cierto tipo de público tiende a adquirir determinados productos y servicios en detrimento de otros. En última instancia, estos análisis preparan el terreno para futuras entradas en nuevos mercados o permiten redefinir el mercado existente para garantizar a la empresa minorista la mayor captación posible de público en su segmento de mercado.

Aunque estas y otras teorías ayudan a los minoristas a evaluar, desarrollar e implementar estrategias e iniciativas minoristas más potentes, nadie puede explicar por qué los consumidores compran como lo hacen. Los minoristas siempre trabajarán con investigadores de mercado para hallar soluciones a las oportunidades existentes en los modelos vigentes, mientras intentarán fortalecer el éxito actual de su firma. El conocimiento de su segmento demográfico (que veremos más adelante en este capítulo) es una de las mejores oportunidades para una empresa minorista.

FLUJO DE BIENES

3

IDENTIFICAR EL PROBLEMA

ESTABLECER/SOPESAR
LOS CRITERIOS DE DECISIÓN

GENERAR/EVALUAR
ALTERNATIVAS

IMPLEMENTAR LA DECISIÓN

EVALUAR LA DECISIÓN
(REFLEXIÓN)

El perfil demográfico del consumidor

Cuando un minorista abre sus puertas al público o pone en marcha su página web, lo hace pensando en un tipo de consumidor específico. Este perfil lo definen los fundadores de la empresa o el comité ejecutivo de la misma, y se basa en análisis de mercado que se realizan durante la fase de establecimiento de la firma o a medida que esta evoluciona con el tiempo. El objeto de este análisis que realizan las empresas minoristas es la demografía, es decir, el estudio de los rasgos y características de la población.

4

4-6 EL CONOCIMIENTO DEL COMPRADOR

No existen dos consumidores iguales, ni físicamente ni por lo que se refiere a sus necesidades. Identificar sus preferencias y adaptarse a ellas mientras se mantiene la cultura empresarial puede ser la clave del éxito de la firma minorista.

5

"Cuando te centras en el consumidor, este responde."

Alexander Wang, diseñador y minorista de moda

Habitualmente, cuando hablamos del perfil demográfico del consumidor nos referimos a cuatro elementos que definen a un grupo de individuos: edad, ingresos, educación y grupo étnico al que pertenecen. Estos datos demográficos permiten que las empresas minoristas se concentren en el desarrollo del producto más adecuado para la temporada en curso, la elección de la ubicación de los puntos de venta (que analizaremos más adelante en este capítulo) y la implementación de diversas iniciativas de servicio al cliente que mantengan su lealtad y, con suerte, atraigan a nuevos consumidores hacia la marca. El consumidor elegido por el minorista para ofrecerle su marca y sus productos marcará la cultura empresarial de la compañía en su conjunto.

Esta cultura empresarial, no obstante, puede volver a calibrarse a medida que se abren nuevos mercados o se producen cambios o divisiones en los existentes. Los minoristas deben mantener el perfil demográfico de su consumidor como elemento rector de sus actividades, y evaluar los elementos del mercado que sirvan para descodificar y categorizar a los diversos grupos de consumidores. El análisis de la base de clientes existente, tanto propia como de la competencia, puede dictar un cambio en el perfil del consumidor. Del mismo modo, el análisis de la zona comercial en que se halle el establecimiento también puede proporcionar información sobre el perfil del consumidor.

6

El perfil demográfico del consumidor

Demografía y público objetivo

Aunque los estudios demográficos permiten que la empresa minorista conozca mejor la amplia variedad de consumidores que frecuentan sus establecimientos, resulta de ayuda pensar en un perfil de consumidor específico a la hora de tomar decisiones que afecten a la imagen y a la percepción generales de la marca (como la cultura corporativa, por ejemplo). Público objetivo es un término que define al cliente al que se dirigen los productos que el minorista comercializa y anuncia, y que se analiza desde el punto de vista de las teorías del comportamiento de consumo y, específicamente, del análisis psicográfico.

Así, la empresa minorista analiza otros elementos definitorios, como el estado civil, las preferencias sexuales y las actividades extracurriculares, centrándose en el estilo de vida y las actitudes específicas del consumidor. De este modo, el minorista:

× Adquiere un mayor conocimiento sobre quiénes forman su cuota de mercado.
× Puede establecer estrategias minoristas específicas (de marketing, publicidad, visual merchandising...).
× Puede realizar compras de temporada que satisfagan las necesidades del consumidor.
× Puede generar mayores ingresos/beneficios, pues es capaz de reaccionar con rapidez a los cambios que se producen en el mercado de consumo.

Conocer al consumidor para el que comercializamos nuestros productos es fundamental para alcanzar el éxito de la empresa minorista. Existen diversas maneras de obtener esa información, bien desde algún departamento interno de la empresa o contratando los servicios de una agencia externa.

La clasificación del público objetivo

Existen diversos instrumentos a disposición del minorista para obtener información sobre su público objetivo. La manera más fácil de realizar esta tarea es contratar los servicios

7·8 a(× 4): EL CONOCIMIENTO DEL MERCADO OBJETIVO

Paul Rothstein, antiguo profesor de la Arizona State University, ha analizado el uso de una herramienta de investigación de mercado denominada a(× 4), que permite que el analista conozca el estilo de vida del usuario final. Este enfoque considera cuatro variables: las personas en su vida diaria (actores), lo que hacen (actividades), los lugares que visitan (ambiente) y los objetos tangibles que poseen (artefactos). Esta herramienta de investigación puede utilizarse con palabras y frases o con imágenes.

7

de alguna firma que se dedique a la investigación del mercado de consumo especializada en el perfil socioeconómico del consumidor. Este método, que suelen emplear las grandes firmas, puede llegar a ser muy caro y convertirse en un lujo inalcanzable para empresas más pequeñas.

Generalmente, cuando la firma se encuentra en la fase de incubación, los propios socios fundadores de la empresa suelen ocuparse de la investigación. A medida que esta vaya creciendo, se contratarán los servicios de agencias para recopilar datos demográficos a través de encuestas a los consumidores, captación de información por código postal, desarrollo de perfiles de cliente en línea, etcétera, que serán analizados en la empresa.

Para las empresas de nueva creación, el proceso de investigación puede resultar tan sencillo como seguir las tendencias del producto que se va a comercializar. Visitar algunos de los establecimientos que consideremos competencia potencial puede proporcionarnos información sobre el tipo de consumidor que puede llegar a convertirse en nuestro cliente objetivo. Organizaciones como la National Retail Federation también proporcionan valiosa información a los pequeños negocios que no pueden permitirse el lujo de contratar a un especialista.

Cada empresa minorista o firma de investigación de mercado empleará las técnicas y prácticas que considere más relevantes para recopilar la información necesaria (y crucial) que mejor identifique a su público objetivo.

a(× 4) MODELO DE ANÁLISIS DEL CONSUMIDOR OBJETIVO

8

novio: Matthew
madre/padre/hermana
mejor amigo: Oliver
compañeros de trabajo en la cafetería
compañeros de clase

va a conciertos musicales
se desplaza en monopatín
viaja con mochila
estudia en la universidad
practica el *squash*

ACTORES

ACTIVIDADES

AMBIENTE

ARTEFACTOS

campus universitario - estudio de arte
bares/cafeterías
al aire libre: mar/montaña
ciudades extranjeras: zonas suburbanas
apartamento-estudio en Chelsea

Vera: gata gris de pelo corto
monopatín
zapatos: Hasbeens/Converse/botas vintage
iPhone: para escuchar música y comunicarse
cantimplora y navaja de bolsillo

Selección y ubicación del punto de venta

Cuando una firma minorista empieza a crecer y decide poner en marcha un establecimiento físico (o de invertir en la implantación de sus oficinas corporativas) es necesario buscar una ubicación adecuada para el mismo. Junto al conocimiento del perfil demográfico de nuestro consumidor, esta será la decisión más importante que deberemos tomar, ya que una elección errónea podría conducir a la empresa a una pérdida de ingresos de manera inmediata o a medio y largo plazo.

El factor más importante que tener en cuenta a la hora de escoger el local para el punto de venta físico de una empresa minorista es la localización. A menudo, la intención de las empresas de nueva creación es ahorrarse dinero y, por ello, escogen lugares cuyo precio por metro cuadrado sea más económico, al estar situadas, por regla general, en zonas suburbiales o menos frecuentadas. Las empresas minoristas, tanto nuevas como ya establecidas, deben realizar un concienzudo análisis de las diversas ubicaciones e investigar aquellos espacios potenciales que puedan contribuir al crecimiento del negocio a medio y largo plazo.

Características de la zona

Los establecimientos físicos de moda deben estudiar cuidadosamente las propuestas de localización para comprender las ventajas y desventajas de las mismas. Mientras que ciertas ciudades (como Londres, Nueva York, París, etcétera) son importantes centros de comercio, otras no lo son. El minorista necesita realizar un análisis completo del lugar, particularmente en aquellas zonas que carezcan de la popularidad necesaria tanto entre los habitantes de la ciudad como entre los turistas.

La accesibilidad del espacio es también muy importante. ¿Cómo acceden los clientes a la zona? ¿A pie? ¿Con transporte privado? ¿Usan el transporte público? ¿Cuenta la zona con amplios espacios destinados a aparcamiento y con acceso para personas discapacitadas (como rampas, ascensores, etcétera)? ¿La autoridad local ha implementado normativas que impidan la adquisición de algún local concreto? Estas son solo algunas de las cuestiones que debemos preguntarnos a la hora de realizar un análisis de la localización para cerciorarnos de que la zona tendrá visibilidad, y de que será sostenible y generará beneficios a largo plazo.

TRES PUNTOS CLAVE QUE TENER EN CUENTA A LA HORA DE SELECCIONAR LA UBICACIÓN DE UN ESTABLECIMIENTO FÍSICO

1. Escogeremos el área comercial que mejor se ajuste a los intereses de la compañía. Un área comercial es la región (estado, país, provincia, etcétera) en la que el minorista desarrollará su actividad (por ejemplo, Londres).

2. Dentro de la región comercial, exploraremos los potenciales distritos comerciales, analizando datos demográficos que puedan variar con el paso del tiempo. El distrito comercial debe complementar a la empresa minorista e integrarse en la idiosincrasia cultural de la zona.

3. Comenzaremos a visitar locales que puedan funcionar con la marca. Analizaremos los diversos atributos que pueda ofrecer el local, como los negocios circundantes, el tráfico de peatones y vehículos, el aparcamiento, los elementos arquitectónicos, etcétera, para realizar la elección más adecuada para nuestra marca y producto.

9

9   ENCONTRAR EL ESPACIO
     ADECUADO

Hubo una época en la que los
consumidores acudían a los
centros comerciales cubiertos
para realizar la mayor parte
de sus compras, debido a
la alta concentración de
establecimientos minoristas que
se daba en ellos. En la actualidad,
el cliente prefiere ir de compras
al centro de la ciudad, que ofrece
mayor diversidad de tiendas
minoristas; como consecuencia
de esto, ha sido necesario
expandir los distritos
comerciales.

La localización es el factor más importante
que tener en cuenta a la hora de escoger la
ubicación del establecimiento físico de una
empresa minorista.

Selección y ubicación del punto de venta

Las zonas comerciales

Tras determinar el área comercial en el que desarrollará su actividad, el minorista deberá elegir una zona comercial, es decir, un distrito de la ciudad dedicado al comercio minorista. Existen diversos tipos de zonas comerciales, cuya localización viene dictada por la climatología de la región en la que se encuentran.

Hace años se produjo una importante traslación de población desde las zonas comerciales situadas dentro del área urbana hacia la periferia; recientemente, sin embargo, hemos asistido al progresivo retorno de los habitantes de zonas suburbanas a la gran ciudad, lo que ha obligado a los minoristas a reconsiderar la apertura de tiendas satélite fuera de las zonas metropolitanas. A continuación veremos, a grandes rasgos, algunos de los tipos comunes de zona comercial.

Zonas comerciales del centro de la ciudad

En el pasado, debido a la dispersión de la población hacia la periferia, estas zonas solían considerarse improductivas, pero actualmente experimentan un importante resurgimiento. Estas áreas se sitúan en el centro de las principales ciudades, por lo que las empresas minoristas suelen implantar en ellas sus oficinas centrales o sus tiendas insignia.

Centros comerciales regionales

Situados en zonas suburbanas, cuentan con tiendas satélite similares a las ubicadas en las zonas comerciales del centro de la ciudad pero con una oferta de surtido menos extensa. Los centros comerciales regionales suelen ser propiedad de alguna empresa de tipo *holding* que decide quién puede desarrollar su actividad empresarial en las instalaciones, lo que fomenta una mayor ventaja competitiva entre minoristas y reduce las posibilidades de que se produzca una saturación de artículos similares.

Complejos de uso mixto

Los complejos de uso mixto integran en un único centro el sector de los negocios, la restauración y el comercio minorista, por lo que su clientela suele ser diversa. Aunque estos complejos normalmente se sitúan en un entorno urbano, a menudo podemos encontrarlos en la periferia.

Grandes centros comerciales

Los grandes centros comerciales suelen albergar veinte o más establecimientos con grandes superficies de venta; su establecimiento ancla suele ser un hipermercado. Acostumbran a estar en la periferia, ya que se requieren grandes terrenos para su construcción.

Centros comerciales de *outlet*

Estos centros comerciales, que alojan tiendas de descuento y outlets de fabricante, suelen estar lejos de las zonas urbanas para evitar la competencia con los establecimientos minoristas de precio completo. Normalmente son propiedad de una compañía gestora que alquila los espacios a minoristas.

Selección del local

Lo último que deberá decidir el minorista es el local en el que se ubicará el establecimiento, y si este lugar ofrece a la empresa la mejor oportunidad para el éxito a largo plazo. El análisis de los datos específicos recopilados gracias a una investigación cuantitativa y cualitativa ofrece al minorista garantías adicionales de que el local elegido sea el más adecuado para propiciar un crecimiento estable del punto de venta. Los datos que deben recopilarse fuera del marco de los estudios demográficos generales son los siguientes:

- ✕ ¿Quién es mi competencia? ¿Dónde está?
- ✕ ¿Quiénes son los inquilinos cercanos?
- ✕ ¿La zona está bien comunicada?
- ✕ ¿Por dónde discurren las calles y aceras?
- ✕ ¿Existen establecimientos de ocio y restauración en la zona?

Para el minorista, puede ser bueno que exista competencia en esa zona, ya que puede atraer hacia su establecimiento a los clientes que busquen opciones alternativas. La competencia excesiva, sin embargo, puede ocasionar un declive de las ventas debido a la saturación del mercado. Tampoco es conveniente ubicar el punto de venta en una zona que no propicie el tipo de comercio minorista que desarrolla la empresa; por ejemplo, si abrimos una boutique de ropa femenina de gama alta en una zona conocida por su ambiente nocturno contaremos con menos tránsito peatonal, ya que el público visitará la zona después de la hora de cierre de las tiendas.

Existen multitud de factores que influyen en la selección de la localización de los establecimientos físicos; no obstante, una investigación y una observación exhaustivas pueden proporcionarnos valiosos conocimientos que nos ayuden a tomar la decisión más correcta a largo plazo.

CONSIDERACIONES ACERCA DEL RÉGIMEN DE ALQUILER O PROPIEDAD DEL LOCAL

Cuando la empresa minorista ya ha escogido una zona comercial, tiene dos opciones: alquilar el local o comprarlo.

Local en propiedad: cuando la empresa es propietaria del local, no debe pedir permiso al propietario para realizar cambios en el exterior o interior del mismo; sin embargo, es responsable del mantenimiento que requiera el local. Si, con el tiempo, el minorista decide que no está satisfecho con el espacio podrá alquilar o vender el local sin incurrir en el incumplimiento del contrato de arrendamiento.

Alquiler de renta fija: consiste en un tipo de alquiler en el que el minorista abona un importe fijo al mes durante un período de tiempo establecido. Estos acuerdos se toman antes de firmar el contrato y determinan qué es responsabilidad del propietario y qué es responsabilidad del inquilino (en este caso, del minorista).

Alquiler de renta variable: se trata de un tipo de alquiler en el que el importe de las cuotas mensuales se incrementa en función de la duración del contrato. A menudo, el minorista paga cada año un incremento porcentual para ajustar la cuota a la inflación. También existen alquileres de renta variable en los que el minorista paga una cuota mensual en concepto de alquiler más un porcentaje sobre las ventas. Aunque este alquiler es poco habitual, hay que revisar cuidadosamente las condiciones del contrato antes de firmarlo.

Mercados emergentes nacionales e internacionales

La expansión global del sector minorista se está produciendo más rápidamente de lo que podamos imaginar, tanto en el caso de marcas que nos resultan familiares como de firmas desconocidas que se están implantando en regiones comerciales del mundo entero. Si en el pasado a las empresas minoristas les preocupaba la competencia local, en la actualidad, debido a la capacidad ilimitada de Internet, los consumidores pueden encontrar, en cualquier momento y lugar, el artículo que busquen.

Los principales centros de comercio de moda son Londres, Nueva York y París, aunque debido a la expansión global del comercio minorista a través de Internet, grandes ciudades como Tokio, Abu Dabi y Sídney han comenzado a destacar con increíbles diseñadores y establecimientos minoristas surgidos de su entorno. No solo los minoristas se han trasladado a partes del planeta hasta ahora vírgenes para el sector, sino que mayoristas y fabricantes también se han expandido hacia nuevos territorios, como Vietnam, Guatemala e Indonesia, con lo que el sector ha dejado de estar occidentalizado para transformarse en una comunidad minorista internacional.

Mercados hasta ahora inexplorados para el comercio minorista global han pasado a liderar las ventas a nivel mundial y se han convertido en dignos rivales de los mercados tradicionales ya establecidos.

La expansión a nivel nacional

En la actualidad, los minoristas no solo estudian su expansión más allá de sus fronteras sino también su crecimiento en el mercado nacional; así, ciertas áreas que hasta ahora se consideraban mercados de segunda o tercera división aportan consumidores y crean sus propios destinos de compras. A menudo, las comunidades con una fuerte idiosincrasia artística o relacionada con el diseño generan la necesidad por la moda, obligando a los minoristas a estudiar sus posibilidades de expansión en estas zonas; así, por ejemplo, la calle Buchanan en Glasgow o el Golden Quarter en Viena (literalmente, "distrito del oro") están emergiendo como nuevas zonas para el comercio de moda. Aunque no es obligatorio que los establecimientos ubicados en estos distritos sean tiendas insignia, sí deben ofrecer a los consumidores una selección de productos de marca que resulten reconocibles.

Ya sea a nivel nacional o global, las empresas minoristas han adoptado una postura mucho más estratégica por lo que se refiere a la expansión, en parte debido a factores económicos, pero también a que el mercado de consumo está reorientando sus preferencias hacia marcas y modelos más sostenibles, que ofrezcan calidad en vez de cantidad, en detrimento de la moda pronta.

"Londres y Melbourne cuentan con unas comunidades tan dinámicas surgidas en torno al diseño y la innovación, que no se me ocurre mejor localización para nuestras próximas tiendas West Elm."

Jim Brett, presidente de West Elm, sobre la expansión de la empresa minorista estadounidense

10 MERCADOS CAMBIANTES

A medida que siguen expandiéndose hacia Oriente Próximo y Asia, las empresas minoristas necesitan diseñar estrategias para captar estos mercados de manera exitosa, en particular si se trata de mercados con los que no están familiarizados. Los minoristas occidentales deben ser conscientes de las oportunidades que les brindan la cultura y las costumbres de los mercados aún por conocer.

Entrevista: Tate Ragland, investigador de mercados minoristas

HITOS DE SU CURRÍCULUM

1999-2003
Estudia Arquitectura e Historia del Arte en la Rice University de Houston (Texas).

2003-2007
Trabaja como arquitecto en la firma KPF de Londres (Reino Unido) antes de emplearse como arquitecto en Crate & Barrel, un destacado minorista de artículos para el hogar con sede en Chicago (Illinois).

2007-2009
Consigue el máster en Ciencias del Diseño Industrial en la Arizona State University, basado en investigación sobre el diseño. Participa en la conferencia de diseño ICDHS celebrada en Osaka (Japón), donde presenta una ponencia sobre sostenibilidad en los medios.

2009-2010
Trabaja como investigador sobre diseño *freelance* para diversas firmas de diseño por todo Estados Unidos.

2010 - ACTUALIDAD
Trabaja como director de investigación estratégica para el desarrollo global de marcas y como consultor de marketing.

"El conocimiento profundo del consumidor resulta crucial para que las marcas puedan alcanzar su máximo potencial, y mantenerse al día y en contacto con sus clientes."

11 ASPECTOS DE LA INVESTIGACIÓN CUALITATIVA

Trabajar con el cliente durante el proceso de investigación cualitativa permite que los investigadores de mercado entiendan totalmente las necesidades del cliente, para proporcionarle información más detallada que contribuya al crecimiento y desarrollo de la marca.

Entrevista: Tate Ragland, investigador de mercados minoristas

P En tu opinión, ¿qué importancia tiene la investigación de mercado para el éxito de una empresa minorista?

R La investigación de mercado es un elemento crucial en la construcción y el mantenimiento de la buena salud de una marca. En aquellas marcas que deseen expandirse en un mercado, la investigación ahorra tiempo y dinero a largo plazo, ya que identifica por anticipado los obstáculos y peligros potenciales. De manera similar, las marcas ya establecidas que conozcan a su consumidor objetivo pueden beneficiarse de la investigación, que les proporcionará un conocimiento más amplio y profundo sobre un mercado en constante transformación y/o sobre los posibles cambios en el perfil demográfico del consumidor.

P ¿Qué proceso suele seguirse para recopilar información sobre el mercado de consumo que necesita vuestro cliente minorista?

R Eso lo determina la cuestión principal que plantee el cliente o su particular dilema con el marketing. La mayoría de nuestros clientes desean conocer la evolución del consumidor y los diversos factores que le llevan a realizar una compra. Para obtener esta información, solemos realizar diversas compras acompañadas, en las que un moderador pasa entre una y tres horas con un consumidor mientras este va a comprar. Esta actividad implica una combinación de observación, preguntas directas y sondeos de seguimiento.

P Cuando realizas tus investigaciones, ¿qué factores analizas en el comportamiento del consumidor?

R A la hora de analizar al consumidor es importante observar y escuchar no solo lo que este dice sino también los indicios no verbales (es decir, lo que el consumidor hace, consciente o inconscientemente), y ver si pueden servirnos para obtener información acerca de su proceso de compra.

Así, por ejemplo, aunque un consumidor afirme que no le motivan las marcas ni los grandes nombres (porque de lo contrario podría comportar connotaciones negativas o parecer pretencioso), es posible que el moderador se dé cuenta de que, durante la compra acompañada, el consumidor utiliza las marcas como guía para circular entre los displays del establecimiento o que da prioridad y examina con detenimiento determinados productos. Esto puede aportar mucha información, que compartimos con el cliente y que, posiblemente, un sencillo sondeo nunca hubiese puesto de manifiesto.

P Una vez analizados y sintetizados estos datos, ¿cómo se presentan al cliente?

R Las presentaciones siempre se personalizan para el cliente en cuestión, aunque la mayoría de nuestros clientes prefiere una presentación en formato PDF o PowerPoint que les informe de manera concisa y les indique, sin ambigüedades, la dirección hacia la que encaminar sus futuros pasos y un modo de implementar los resultados del análisis. La mayoría de mis clientes tienden a ser gerentes de marca o directores de marketing en sus empresas, es decir, son los responsables de transmitir e implementar los resultados de la investigación en la empresa y de ganarse la aceptación de los diversos integrantes de la misma.

Cuanto más fácil y accesible resulte la información que ofrece el analista, más sencillo será para el cliente que ponga en práctica los conocimientos adquiridos. La mayoría de clientes son conscientes de los problemas a los que se enfrentan; en un investigador buscan un plan estratégico que les permita superar estos retos y hacer que su negocio siga avanzando.

P ¿A qué retos se enfrentan sus clientes minoristas en el mercado global de hoy en día?

R El marketing multicanal sigue siendo un reto para las empresas minoristas. Encontrar la combinación adecuada de campañas de marketing en línea, marketing impreso y marketing en el punto de venta, y determinar cuál es el mejor modo de personalizar cada mensaje con el objetivo de crear una experiencia multidimensional para el consumidor es algo que, para la mayoría de las marcas, resulta difícil de organizar.

Asimismo, pienso que muchas marcas tienen un conocimiento escaso o nulo de su cliente objetivo y, como consecuencia, invierten gran cantidad de tiempo y energía en el desarrollo de un mensaje o de una información sin saber quién es su interlocutor. El conocimiento profundo del consumidor resulta crucial para que las marcas puedan alcanzar su máximo potencial, y mantenerse al día y en contacto con sus clientes.

Caso práctico: Target

Target, una de las empresas minoristas de descuento más célebres de Estados Unidos (conocida por su icónico logo de la diana roja), se ha convertido en un nombre de culto entre quienes buscan colaboraciones innovadoras entre diseñadores de gama alta y minoristas de moda pronta a precios asequibles. Este tipo de estrategia minorista, junto con potentes iniciativas de diseño y marketing, han dotado a Target, cuyos consumidores esperan impacientes las nuevas colecciones, de un estatus infinitamente superior al de sus competidores.

Target, con sede en Minneapolis (Minnesota), inició su andadura como un almacén de productos textiles que tomaba su nombre, como no podía ser de otro modo, de su propietario, George Draper Dayton. A medida que sus establecimientos experimentaban una rápida expansión, Dayton Dry Goods Co. empezó a conocerse como Dayton Department Store; Dayton amplió su surtido de productos y multiplicó sus iniciativas minoristas. Tras su fallecimiento, su hijo, George N. Draper, le sucedió al frente de la empresa, que comenzó a desarrollar potentes iniciativas de responsabilidad social corporativa y se convirtió en la primera compañía minorista en devolver a la comunidad el cinco por ciento de sus beneficios antes de impuestos, creando un arquetipo en el sector del comercio minorista.

"El éxito consiste en volvernos útiles para el mundo, valiosos para la sociedad, en ayudar a elevar el nivel de la humanidad, conduciéndonos de modo que, cuando nos hayamos ido, el breve lapso de nuestras vidas haya contribuido a crear un mundo mejor."

George D. Dayton, fundador de Dayton Dry Goods Co.

12 MENTALIDAD INNOVADORA

Target ha reinventado el modelo de empresa minorista de descuento, ha acercado sus establecimientos al centro de la ciudad y ha adoptado un planteamiento vanguardista de la moda.

La aventura minorista

Durante la década de 1960, Dayton's pasó de ser un gran almacén de propiedad familiar a poner en marcha múltiples cadenas de descuento de renombre nacional, con un nuevo nombre y un nuevo logo que marcarían la pauta del negocio: Target. Fue el comienzo de la expansión de la marca, primero a nivel local y, con el tiempo, como cadena minorista de éxito nacional. En aquella época, Dayton's contaba con varias marcas en su cartera (B. Dalton Bookseller, Dayton Jewellers y Dayton Department Stores), aunque ninguna experimentó un crecimiento tan rápido como Target.

Tras su fusión con la J.L. Hudson Company, la nueva Dayton-Hudson Corporation añadió otros dos minoristas a su oferta, Mervin's (California) y Marshall Field's (Chicago), fortaleciendo y diversificando así su cartera de marcas. Sin embargo, a pesar de que las nuevas marcas eran conocidas a nivel nacional, no contaban con la misma lealtad por parte de la clientela de la que disfrutaba Target; con el tiempo, Dayton-Hudson Corporation también llegó a esta conclusión y vendió ambas empresas para centrarse en su marca más pujante, Target. Más adelante, para reflejar la positiva evolución del negocio y contribuir a la creación de una marca potente, la Dayton-Hudson Corporation pasó a llamarse Target Corporation, como se la conoce actualmente.

Caso práctico: Target

Las colaboraciones con diseñadores

Una de las estrategias minoristas más comentadas y por la que Target es famosa es su constante puesta en marcha de colaboraciones entre diseñadores y empresa minorista. Centrándose en la identidad de marca, la estrategia de marketing y el diseño, Target ha conseguido llevar al terreno de juego a algunos nombres célebres; diseñadores como Michael Graves, Sonia Kashuk, Missoni y Prabal Gurung, por nombrar algunos, han colaborado con la compañía diseñando en exclusiva para Target varias piezas de colección. Esta estrategia no solo introduce al diseñador en el mercado del minorista sino que permite al consumidor disfrutar de marcas de diseño a un precio reducido.

Recientemente, Target ha puesto en marcha The Shops at Target, una colaboración entre Target y propietarios de boutiques y establecimientos especializados (es decir, una colaboración entre minoristas). De este modo, ciertas colecciones de edición limitada llegan al público a través de Target, lo que permite que estas pequeñas empresas ganen exposición entre el público de un sector de gran envergadura que, en ocasiones, puede resultar intimidante. Aunque las colecciones se ponen a la venta por un período de tiempo limitado, estas colaboraciones permiten que los propietarios de boutiques presenten a las masas su particular punto de vista sobre la moda, para el que Target proporciona el foro idóneo. Antes hemos mencionado la puesta en marcha de iniciativas de responsabilidad social corporativa por parte de Target; The Shops at Target es un ejemplo de primer orden de cómo esta empresa trabaja con la comunidad para que esta florezca, manteniendo sus beneficios y su conciencia social.

13 EL DISEÑO PARA LAS MASAS

Un minorista que solía comercializar artículos económicos sin marca alguna se ha convertido en líder del mercado por lo que se refiere a las colaboraciones entre el comercio minorista y la moda de gama alta, acercándola a los consumidores con presupuestos limitados.

El replanteamiento de la expansión

Target se conoce por el interiorismo de sus establecimientos, de estilo "caja blanca", con grandes superficies de venta de diseño minimalista. Desde hace dos años, la empresa está realizando una fuerte inversión en el diseño visual de sus puntos de venta, que ya no parecen tiendas de descuento sino más bien grandes almacenes de precios asequibles. La empresa ha puesto a prueba diversos modelos en diferentes zonas comerciales y, recientemente, ha entrado en una nueva fase de expansión hacia las zonas comerciales del centro de las ciudades. Una de las inauguraciones más recientes, en el distrito neoyorquino de Harlem, ha revitalizado la zona y diversificado la comunidad local. Hace poco, Target ha inaugurado tres establecimientos, acertadamente llamados City Target, en el centro de Seattle, Chicago y San Francisco, y tiene programadas en su agenda más inauguraciones durante los próximos dos años. Este tipo de tiendas están orientadas al comprador urbano y, gracias a los exhaustivos análisis de mercado que realiza el equipo de Target, han sabido dirigir sus estrategias minoristas. Los establecimientos no se construyen en extensión, sino en altura, para adaptarse a zonas urbanas pequeñas y densamente pobladas, y su selección de producto se ha racionalizado para responder a las necesidades de este consumidor en concreto.

Con más de mil ochocientos establecimientos repartidos por toda Norteamérica, estos últimos años Target ha iniciado la expansión de su departamento técnico hacia la India, en lo que puede representar un primer paso para la introducción de este exitoso minorista en Europa y Asia.

"Nuestro innovador enfoque del diseño y desarrollo del punto de venta nos permite personalizar el modelo Target en función de su ubicación sin sacrificar nuestros principios fundamentales."

Greg Nations, director creativo sénior de marketing

13

Resumen del capítulo 2

En el capítulo 2 hemos seguido explorando el amplio espectro del comercio minorista, haciendo hincapié en la importancia de conocer el perfil demográfico del consumidor y de definir a nuestro público objetivo. Los datos demográficos, aunque determinados a grandes rasgos por cuatro elementos básicos (género, edad, grupo étnico y educación) quedan delimitados en su enfoque cuando el minorista se centra en un consumidor específico, lo que, a su vez, puede influir en la elección de sus instalaciones y en la ubicación de sus puntos de venta físicos. Los datos demográficos del consumidor pueden cuantificarse con detalle basándonos en factores como el salario, el domicilio y el estado civil, y pueden ser utilizados por la empresa para determinar qué tipo de campañas de marketing, compras de temporada y otras tácticas minoristas orientadas al consumidor pondrá en práctica. La observación de los mercados emergentes, tanto nacionales como extranjeros, puede proporcionar información más definida acerca de la dirección que debe tomar la empresa minorista a la hora de expandirse y establecer sus oficinas corporativas, tema que analizaremos detenidamente en el próximo capítulo.

Preguntas y temas de debate

1. ¿Cuáles son las tres motivaciones de compra que el minorista analiza cuando investiga el comportamiento del consumidor? Pon ejemplos de cada una de ellas.
2. Explica las diferencias entre perfil demográfico del consumidor y público objetivo.
3. ¿Por qué la ubicación de los establecimientos se considera una de las decisiones más importantes que debe tomar la empresa minorista? ¿Qué puede pasar si la ubicación escogida no es la adecuada?
4. ¿Cuáles son los principales puntos que la empresa minorista debe tener en cuenta a la hora de buscar locales para sus tiendas físicas?
5. ¿Cómo ha influido la expansión global al cambio de perspectiva del minorista respecto a su segmento demográfico de consumidores? ¿Crees que también ha influido en su público objetivo?
6. Tate Ragland comenta que sus clientes carecen de un conocimiento exhaustivo de sus consumidores objetivo. ¿A qué crees que se debe? ¿Qué pueden hacer los clientes de Ragland para saber quiénes son sus consumidores?

Ejercicios

Imagina que acabas de recibir setenta y cuatro mil euros para poner en marcha tu propia tienda de ropa y accesorios, y que debes elegir un emplazamiento para abrir tu establecimiento. Teniendo en mente que, durante los primeros meses de funcionamiento de la tienda, lo más probable es que no incurra en pérdidas pero tampoco genere ganancias, responde a las siguientes preguntas basándote en la información que proporciona el texto.

1. ¿Qué tipo de establecimiento minorista escogerías para poner en marcha tu negocio? (véase el capítulo 1).
2. ¿Qué surtido de productos te gustaría comercializar en tu tienda? Elabora una horquilla de precios para los mismos.
3. ¿Cuál sería el concepto minorista general? Es decir, ¿cuál sería el tema del establecimiento? Argumenta tus ideas mediante notas y/o elementos visuales.
4. Selecciona una región comercial y desarrolla una investigación y un análisis detallados de la misma. ¿Por qué has elegido esta área en concreto?
5. Elige una zona comercial, defínela y justifica tu elección mediante factores como competencia, transporte, actividades de ocio y restauración, etcétera.
6. Elabora una sinopsis global de tu selección que incluya puntos clave de tu investigación y análisis.

1

LAS OFICINAS CORPORATIVAS DE LA EMPRESA MINORISTA

3

Los consumidores no suelen ser conscientes de las operaciones que debe realizar una empresa minorista para ofrecer sus servicios, y a menudo asumen que muchas de estas actividades se realizan en sus propios establecimientos, durante su horario de apertura. Es posible que sea el caso de los pequeños negocios; sin embargo, las grandes empresas minoristas suelen invertir en instalaciones centralizadas en las que realizan diversas funciones de apoyo a sus tiendas. Ya se trate de desarrollar campañas publicitarias para el lanzamiento de los productos de la temporada venidera o de solucionar cuestiones relativas a la calidad de las prendas, las oficinas centrales de la empresa se hacen cargo de ciertas tareas que permiten reducir la presión a la que se ven sometidos los establecimientos minoristas para que estos puedan centrarse en sus prioridades, como la representación de la marca, la interacción con el cliente y, por supuesto, la consecución de sus objetivos de ventas.

1 UNA HABITACIÓN
CON VISTAS

Vestidos expuestos al público en las oficinas centrales, sitas en París, de la marca francesa de lujo Dior.

El papel de las oficinas corporativas

La sede de una empresa minorista es el epicentro en el que se desarrollan multitud de funciones de apoyo a los diversos departamentos dentro de la organización, tanto en el aspecto corporativo como en el entorno del punto de venta. Saber cómo apoyan a sus equipos las oficinas centrales de un minorista nos ayudará a comprender cómo funcionan los entornos de compra cuando los tratemos con detalle en el próximo capítulo.

El objetivo de la oficina central de una empresa minorista es prestar apoyo a los diversos departamentos que forman la estructura empresarial, y contribuir a las tareas que se producen lejos de la vista del público y que permiten que las tiendas (tanto físicas como digitales) funcionen de manera eficiente y sin contratiempos. Para ello, la oficina suele estructurarse de forma jerárquica, con un presidente o director ejecutivo situado en el rango más alto, por encima de los jefes de departamento y empleados.

2

ESTRUCTURA CORPORATIVA

OFICINAS CORPORATIVAS CENTRALES

CONSEJO EJECUTIVO

RECURSOS HUMANOS · TECNOLOGÍA DE LA INFORMACIÓN · DEPARTAMENTO FINANCIERO · RELACIONES PÚBLICAS

OPERACIONES EN TIENDA · MERCHANDISING/COMPRAS · EQUIPO CREATIVO · LOGÍSTICA

EQUIPOS REGIONALES Y DE ZONA

EQUIPOS EN TIENDA

Los departamentos de recursos humanos, compras, logística y relaciones públicas se gestionan desde la oficina central, garantizando así la uniformidad de la imagen corporativa y la funcionalidad de los puntos de venta. A menudo, una empresa minorista es tan grande que debe abrir oficinas regionales para hacer efectivas muchas de estas funciones; en estos casos, las oficinas regionales desempeñan actividades de negocio específicas de la región o zona en cuestión.

En el caso de los minoristas de menor envergadura, la oficina central puede estar en el establecimiento donde comercializan sus productos o en casa del propietario o de alguno de los socios de la empresa. No obstante, un minorista necesita contar con instalaciones centralizadas para desarrollar aquellas actividades relevantes y necesarias para un próspero desarrollo del negocio.

SOLUCIONES PARA EL PEQUEÑO MINORISTA

Como si de una pequeña ciudad se tratase, las grandes oficinas corporativas ofrecen a sus empleados áreas de restauración y recreo, y suelen contar con una tienda modelo (en la que se realizan pruebas con el producto o los displays) e incluso con instalaciones de producción para realizar controles de calidad adicionales. ¿Qué sucede, sin embargo, con aquellos pequeños minoristas que solo operan en algunos puntos de venta y para quienes, por cuestiones de volumen y capital, no es imprescindible contar con una oficina corporativa?

Generalmente, los pequeños minoristas recién creados distribuyen gran parte de las tareas necesarias para el funcionamiento del negocio entre quienes trabajan en él. Así, por ejemplo, un visual merchandiser puede ejercer, al mismo tiempo, de comprador, merchandiser y fotógrafo para la página web, o el jefe de tienda puede estar al cargo de la logística, los recursos humanos y las operaciones en los diversos puntos de venta. Independientemente, para el desarrollo de estas funciones se les suele asignar un espacio, bien sea en la tienda, en un local alquilado o en casa de alguien. De este modo, la empresa ahorra dinero y todos los empleados se centran en contribuir al crecimiento del negocio.

Contar con una oficina central corporativa es un buen activo para los grandes minoristas; sin embargo, las operaciones suelen ser inconexas por lo que se refiere al funcionamiento diario de sus puntos de venta, que deben confiar en unos pocos individuos para canalizar las reacciones y respuestas del público y hacerlas llegar a toda la empresa. Los minoristas más pequeños cuentan con la ventaja de hallarse, con frecuencia, en el entorno de sus establecimientos, por lo que pueden reajustar más a menudo sus sistemas. El uso de diversos recursos tecnológicos, como Quickbooks, Google SketchUp o Internet, permite que los pequeños minoristas se adapten a los mercados en rápida transformación y que alcancen un crecimiento más sólido en el sector.

2   DE ARRIBA ABAJO

Si bien es cierto que cada empresa minorista presenta su propia estructura corporativa, el diagrama de la página anterior ofrece una visión general del modo de funcionamiento del sistema jerárquico antes de alcanzar el nivel del punto de venta. Algunas empresas combinan departamentos que desarrollan funciones similares, mientras que otras se expanden en función de sus necesidades.

El papel de las oficinas corporativas

3-6   ENTRE BASTIDORES

La sede del minorista es el centro de comunicaciones que informa a toda la comunidad corporativa. Los departamentos trabajan con el objetivo de garantizar la coherencia de sus respectivas actividades antes de implementarlas en el punto de venta. Las instalaciones corporativas ofrecen a los inversores financieros la posibilidad de conocer de primera mano el *modus operandi* de la compañía, como podemos observar en estas fotografías tomadas en la sede central de Zara, situada en Arteixo (España).

◀ Introducción   La planificación estratégica ▶

70

El papel de las oficinas corporativas

Los departamentos corporativos

Cada departamento de la empresa minorista desempeña una función específica de apoyo directo a uno o a varios departamentos. En la base de cualquier empresa minorista de moda se encuentran los siguientes departamentos:

× Consejo ejecutivo
× Recursos humanos
× Merchandising y compras
× Servicios creativos
× Tecnología de la información
× Gestión de operaciones en el punto de venta

Estos departamentos desarrollan algunas de las funciones más importantes de la empresa, que repercutirán en el éxito de los establecimientos del minorista. Debemos recordar que las oficinas corporativas tienen tanta responsabilidad en la satisfacción del cliente como el propio punto de venta y que, a menudo, cuestiones relacionadas con el trato dispensado al cliente se dirigen al departamento de recursos humanos o al departamento de servicio al cliente. Incrementar las ventas y mantener, al mismo tiempo, una sólida praxis de atención al cliente es responsabilidad de toda la empresa.

El consejo ejecutivo

Los miembros del consejo ejecutivo son los actores clave en la supervisión del funcionamiento diario de la empresa. Su papel consiste en garantizar que los beneficios de los accionistas se incrementen mediante la implantación de nuevos establecimientos, las relaciones con los inversores y la satisfacción tanto de empleados como de clientes. Estos consejos suelen estar formados por consolidados líderes del sector cuya trayectoria profesional pueda contribuir de manera imparcial al beneficio de la empresa. Aunque los consejeros están a cargo de la empresa en su conjunto, suelen trabajar con los departamentos de recursos humanos, finanzas, gestión de operaciones en el punto de venta y relaciones públicas.

Recursos humanos

En el núcleo de cualquier empresa se encuentra en el departamento de recursos humanos. RR HH (como se le suele conocer) garantiza que los empleados de la compañía acaten tanto la directrices de esta como los requisitos legales impuestos por el sistema del que forma parte (a nivel nacional, estatal o local). Recursos humanos suele ocuparse de ciertos aspectos, como los temas legales corporativos, los seguros de los empleados y la formación de la plantilla.

Merchandising y compras

Los departamentos de compras y merchandising colaboran codo con codo para garantizar que cada temporada el producto adquirido sea el más adecuado, tenga el precio oportuno y se asigne a las tiendas o centros de distribución por Internet correctos. Aunque sus funciones suelen superponerse, la principal tarea del comprador consiste en buscar cada temporada los tejidos o artículos necesarios, y trabajar con el departamento de diseño en el desarrollo de los modelos deseados. Después, el merchandiser desarrollará estrategias de precios, analizando continuamente las tendencias del sector (tanto exitosas como pasajeras), para alcanzar los objetivos fijados para esa temporada por la dirección del departamento o por el comité ejecutivo.

El departamento creativo

La mayoría de las empresas minoristas emplean algún tipo de equipo creativo, cuyos integrantes, familiarizados con la cultura empresarial de la compañía, sean capaces de transmitirla al consumidor a través de elementos como los medios de comunicación impresos o digitales, los displays visuales o los materiales de branding. Divisiones como las de marketing, publicidad y visual merchandising suelen formar parte de este departamento creativo, cuyos integrantes suelen contar con formación en arte y diseño.

El departamento de tecnología de la información

La tecnología de la información conforma un departamento extremadamente importante que supervisa toda la información digital de la empresa en sus oficinas corporativas y establecimientos, así como su uso por parte del consumidor. Pensemos en la multitud de páginas o aplicaciones web que visitamos o utilizamos de manera regular y en las diferencias que existen entre ellas, tanto visual como operacionalmente. Ello es resultado de la tarea de creación y supervisión del departamento de tecnología de la información, además de toda una serie de elementos como las páginas web de autoservicio para empleados, la gestión de los servidores de correo electrónico y las aplicaciones informáticas para generar informes.

El departamento de operaciones en el punto de venta

Las tiendas en las que compramos necesitan ser representadas corporativamente; esa es la tarea de este departamento, que garantiza no solo que los puntos de venta estén bien organizados para gestionar con éxito su operativa diaria, sino que el producto asignado, el visual merchandising y los displays, la atención al cliente, etcétera, de todos son uniformes. Existen diversos departamentos, como el de diseño y desarrollo de tiendas, el de prevención de pérdidas y el de logística del punto de venta supervisadas por el departamento de operaciones.

"En última instancia, el cliente no sabe ni le interesa si la empresa es grande o pequeña; solo se fija en la prenda que cuelga de la percha en la tienda."

Giorgio Armani, diseñador y minorista de moda

La planificación estratégica

La planificación de una empresa minorista de gran envergadura conlleva tiempo, dinero y una coordinación exhaustiva. Los objetivos fijados por el cuerpo ejecutivo ponen en marcha una serie de intrincados procesos en los que el éxito de cada departamento depende del de los demás. Este concepto de destino compartido, en el que todas las partes implicadas trabajan para alcanzar el mismo objetivo, trasciende hasta llegar a los establecimientos comerciales, que también son responsables de llevar a buen puerto el programa general de la empresa.

Las empresas minoristas establecen sus objetivos económicos y realizan una planificación estratégica a uno o a varios años vista con el propósito de maximizar los beneficios y reducir los gastos generales. Para ello, analizan las cifras de ventas de ejercicios anteriores y hacen previsiones basadas en las tendencias de mercado y los análisis financieros. Los objetivos de ventas diarios, mensuales y trimestrales se fijan específicamente para cada establecimiento (o página web, si procede). Las reuniones de planificación corporativas permiten que los jefes de cada departamento desarrollen planes estratégicos para sus departamentos asociados, garantizando así que el rumbo que se tome sea el más adecuado para que las tiendas y/o sitios web alcancen sus objetivos.

EL ANÁLISIS DAFO

A finales del siglo XX, durante una convención en el Stanford Research Institute, Albert Humphrey presentó una técnica de planificación estratégica que evaluaba las debilidades, amenazas, fortalezas y oportunidades (DAFO) de una empresa. Esta técnica identifica factores internos y externos que pueden resultar favorables o desfavorables para una empresa cuando esta se pone en marcha para alcanzar un objetivo determinado. El análisis DAFO permite que los minoristas tomen las mejores decisiones posibles respecto a sus proyectos futuros o en curso, así como que identifiquen las oportunidades de negocio potenciales.

Fortalezas: atributos que aventajan a un minorista por encima de sus competidores.

Debilidades: atributos que colocan a un minorista en desventaja respecto a sus competidores.

Oportunidades: elementos que un minorista puede explotar para maximizar sus beneficios.

Amenazas: elementos que pueden causar problemas al minorista, tanto ahora como en el futuro.

7 MODELO DE PLANIFICACIÓN ESTRATÉGICA PARA EL MERCADO MINORISTA DE DUNNE Y LUSCH

El modelo de Dunne y Lusch describe paso a paso un proceso con un enfoque lineal que analiza las fuerzas externas que pueden interferir, tanto positiva como negativamente, en el proceso de planificación estratégica. Conocer la existencia de estas fuerzas fomenta la anticipación y permite que se eviten los problemas específicos que suelen darse en el sector minorista.

MODELO DE PLANIFICACIÓN ESTRATÉGICA MINORISTA DE DUNNE Y LUSCH

Entorno competitivo:
Comportamiento del consumidor, competencia directa/indirecta y cadena de abastecimiento

MISIÓN
DE LA EMPRESA

METAS
Y OBJETIVOS

ANÁLISIS DAFO

Fortalezas
Debilidades
Oportunidades
Amenazas

ESTRATEGIA
DE MARKETING
MINORISTA

Mercado objetivo
Localización
Mix minorista:
fijación de precios de los
artículos
publicidad/promoción
servicio al cliente
distribución y diseño del
establecimiento

GESTIÓN DE
OPERACIONES

compra/distribución
fijación de precios
publicidad/promoción
servicio al cliente
instalaciones
partes implicadas

COMERCIO
MINORISTA DE
ALTO BENEFICIO

Entorno legal/social:
entornos socioeconómicos, sistema legislativo, tecnología y ética empresarial

7

La planificación estratégica

La planificación anticipada

Las empresas minoristas realizan su planificación con mucha antelación, ya que consolidar factores como las finanzas, los conceptos de colección, las compras de temporada y los materiales promocionales requiere tiempo. Una oficina corporativa que lleva a cabo una planificación anticipada puede reaccionar con mayor facilidad frente a los problemas que puedan surgir, especialmente en el campo de la moda pronta, en la que las necesidades del consumidor pueden dar un giro radical de manera inesperada.

Además de los cambios en el comportamiento de compra de los consumidores, existen otros factores que pueden influir en la planificación futura. Así, por ejemplo, el incremento continuo del coste del petróleo conlleva un incremento del coste de las fibras sintéticas que se utilizan para fabricar artículos de moda, por lo que es posible que, en el futuro, las empresas minoristas deban sustituir por fibras más asequibles los tejidos acrílicos y de nailon que utilizan para fabricar sus productos.

Los cambios estacionales en la meteorología también pueden afectar a la fijación de precios de los artículos en *stock*. Por ejemplo, si un invierno excepcionalmente breve viene seguido de una primavera más cálida de lo habitual, todos los abrigos de invierno que estén a la venta a precio completo deberán enviarse a puntos de venta situados en zonas donde el tiempo aún sea frío o bien el minorista deberá empezar a hacer descuentos sobre el precio de los mismos.

8

Las repuestas a las necesidades del negocio deben darse de manera estratégica, ya que, a la larga, pueden afectar al resultado final; no debemos olvidar que la meta de un minorista es obtener beneficio. El cálculo del incremento de los precios a los que deberá aplicarse un descuento conlleva una concienzuda planificación. Los compradores compran la mercancía con antelación respecto a la temporada, por lo que deben tener en cuenta los períodos entre temporadas y, si es posible, realizar una transición exitosa en términos de colores y modelos.

Aunque el proceso de planificación pueda resultar largo y tedioso, las empresas minoristas que dediquen a esta tarea el tiempo y el personal necesarios durante la primera mitad del año (en contraposición al segundo semestre del mismo) estarán mejor organizadas, sufrirán menos presión y serán más capaces de concentrarse en optimizar el conjunto de las ventas tanto en sus tiendas físicas como por Internet.

LA PLANIFICACIÓN ESTRATÉGICA

La planificación estratégica dentro de un entorno minorista consiste en adaptar los recursos con los que cuenta una firma a las oportunidades y amenazas que surgen de un mercando en transformación constante. Un minorista necesita ser capaz de anticiparse y organizarse de forma que le permita alcanzar sus objetivos. A continuación enumeramos algunos de los beneficios de la planificación estratégica:

× Define los objetivos y proyectos generales de la empresa.
× Permite que el minorista se diferencie de sus competidores.
× Ayuda a la empresa minorista a desarrollar una oferta única para su mercado objetivo.
× Proporciona un análisis de los entornos legislativos y económicos actuales y contribuye a la predicción de cambios futuros en los mismos.
× Permite una mayor coordinación entre las partes implicadas de la firma (inversores, empleados, clientes, etcétera).
× Promueve la anticipación con el fin de evitar posibles crisis en la empresa.

8 POR DELANTE DE LOS ACONTECIMIENTOS

Las empresas minoristas trabajan a conciencia para anticiparse a posibles situaciones que puedan ser un obstáculo para alcanzar sus objetivos de ventas. Ya se trate de realizar las compras para temporadas futuras o de planificar una agenda de descuentos que permita acoger nuevos artículos en el punto de venta, es fundamental que el proceso de planificación tenga en cuenta aquellas variantes que requieran tiempo y dedicación, como las fechas de entrega y los cambios de escaparate.

El apoyo a los equipos del punto de venta

La oficina corporativa de una empresa minorista actúa como el cerebro de la organización, mantiene la comunicación constante con cada punto de venta y los ayuda en el desarrollo de su operativa diaria. Una de las principales razones de la existencia de las oficinas corporativas es contribuir a aligerar muchas de las tareas administrativas y de servicios del punto de venta que, de no existir la oficina central, recaerían directamente sobre el propietario o el encargado del punto de venta.

El hecho de contar con una oficina centralizada que pueda supervisar diversas funciones ayuda a las tiendas a centrarse en su principal objetivo: generar ganancias. En el punto de venta surgen problemas que pueden gestionarse desde la oficina central, que, a su vez, puede poner los medios necesarios para que ese problema no se repita en otros establecimientos. La oficina central también contribuye a que el branding, el interiorismo y la formación de los empleados sigan las mismas pautas en todos los establecimientos de la empresa.

9 LAS PROMOCIONES EN TIENDA

Las oficinas corporativas respaldan a los equipos de las tiendas haciéndoles llegar los materiales promocionales para la temporada. Ya sea para informar a los consumidores sobre un nuevo producto o para anunciar las rebajas de temporada, las oficinas centrales proporcionan a los equipos del punto de venta un material que transmite un mensaje sólido y que garantiza el cumplimiento de las líneas establecidas por los equipos de la oficina central.

Cuando las tiendas deben enfrentarse a situaciones que escapan a su control (o a sus conocimientos), un representante corporativo puede intervenir para orientarlas sobre cómo gestionar el problema de la mejor manera. Algunas áreas en las que puede aplicarse este procedimiento son:

× El control de calidad del producto.
× Cuestiones de servicio al cliente.
× El marketing, la publicidad y las promociones en el punto de venta.
× Las relaciones laborales.
× Los problemas que surgen en los establecimientos físicos.

9

Cuando las tiendas se sienten respaldadas por su oficina corporativa, se sienten más seguras a la hora de desarrollar sus funciones diarias y de concentrarse en optimizar las ventas generales, dedicando el tiempo necesario a la formación y desarrollo de los empleados o a las mejoras en el servicio al cliente, entre otros aspectos.

Áreas, distritos y regiones

A medida que un minorista comienza la expansión de su negocio, la interacción entre sus establecimientos y la oficina central cuesta más de gestionar debido a la gran cantidad de personas que forman parte de la organización. Pongámonos en el lugar de dos especialistas en asignación de producto de la empresa que suelen recibir llamadas de quince o más puntos de venta para comunicarles sus necesidades de reposición de existencias; esta situación puede llegar a ser abrumadora, especialmente cuando cada tienda considera que tiene prioridad sobre las demás. Cuando un minorista comience a expandirse (y más si lo hace con rapidez), deberá agrupar sus tiendas según mercados de características similares y colocar a sus empleados más experimentados al frente de cada territorio. Dependiendo del número de puntos de venta y del total anual de ingresos por ventas de cada uno, la oficina corporativa dividirá el territorio en áreas, distritos o regiones, asignando a cada uno un representante o grupo de representantes que actuarán en nombre de la entidad territorial de nueva formación.

Al agrupar los establecimientos de este modo, se optimizan los sistemas de comunicación entre estos y las oficinas corporativas, los establecimientos asociados pueden trabajar más estrechamente y se prestan apoyo mutuo cuando es necesario. Esta es una práctica común entre las grandes empresas minoristas; quienes se ocupan de estos territorios suelen ser representantes en activo de una serie de puntos de venta antes de incorporarse a un puesto similar en la oficina central.

La ética empresarial y la responsabilidad social corporativa

Los minoristas, independientemente del tamaño de su empresa, deben comportarse de manera ética para ganarse el respeto de sus empleados y la confianza de sus clientes. No obstante, la ética empresarial es un asunto delicado, ya que cada individuo se guía según su comportamiento ético, ya sea adquirido o inherente a su carácter.

La ética se suele entender como un conjunto de principios morales que dan forma al comportamiento de cada individuo. Para definir la ética de manera precisa, especialmente por lo que se refiere a la cultura corporativa, analizaremos tres de sus vertientes: individual, situacional y empresarial.

Los principios éticos individuales se basan en la educación moral, la religión y la espiritualidad, y suelen calificarse como buenos o malos por el individuo.

La ética situacional se basa en los acontecimientos que se producen en un momento específico, en los que una o más partes deben decidir cómo gestionar la situación de la mejor manera posible. Por ejemplo, si observamos que alguien está siendo víctima de un robo, ¿intervendremos para ayudarle? Nos encontramos en una situación en la que debemos tomar una decisión que puede afectarnos tanto positiva como negativamente.

La ética empresarial se refiere a las decisiones de tipo ético que se toman en el puesto de trabajo y que afectarán directamente a los productos, servicios y partes implicadas en la empresa. Habitualmente, la ética empresarial queda definida de manera detallada por las políticas y procedimientos implementados por la empresa que delimitan lo que se considera un comportamiento aceptable, tanto en la empresa como fuera de ella.

Aunque la ética individual y situacional lleven a un empleado a reaccionar de manera específica en función de un acontecimiento en concreto, el empleado siempre deberá tener en mente que durante sus horas de trabajo representa a la compañía y que debe cumplir con sus normas para proteger tanto al empleado como al empleador.

La ética en la industria de la moda consiste en algo más que en trabajar con materiales sostenibles. Es un proceso holístico que abarca desde el abastecimiento hasta el consumo, y en el que cada parte implicada debe comprometerse con la mejora de la salud, la seguridad y el bienestar de los integrantes de su sector.

Ámbitos conflictivos de la ética empresarial

Para alcanzar sus objetivos, las empresas minoristas se implican en un amplio abanico de actividades, en las que pueden darse diversos dilemas:

× Conflicto de intereses del comprador: se produce cuando las motivaciones personales pueden provocar un daño potencial al empleador o al empleado cuando estos actúan en nombre de la empresa.

× Estándares de la cadena de abastecimiento: se refieren a los mínimos requisitos éticos que el minorista espera encontrar en el comportamiento de los vendedores de la cadena de abastecimiento.

× Hurto interno: el dilema surge cuando se participa en el mismo o cuando no se aborda la situación aún sabiendo que otro empleado roba a la empresa.

× Confraternización: se refiere a las relaciones de pareja con colegas de trabajo o las relaciones sociales habituales entre jefes y empleados.

× Representación tergiversada del producto: se produce cuando se hace creer al consumidor que el producto es mejor (por ejemplo, en lo tocante a calidad y sostenibilidad) de lo que es en realidad.

La formación de los empleados en estos aspectos conflictivos de la ética empresarial constituye una medida preventiva que permite evitar futuros problemas que pudieran tener lugar en la firma.

10   UN SECTOR UNIDO

Tonne Goodman, directora de moda de *Vogue*, presenta una selección de sus productos sostenibles favoritos de Barneys New York Co-Op durante la celebración de la Fashion's Night Out en Barneys New York.

10

La ética profesional y la responsabilidad social corporativa

La responsabilidad social corporativa

Uno de los tópicos de debate más frecuentes en el entorno del comercio minorista contemporáneo es el concepto de responsabilidad social corporativa. Los consumidores son cada vez más conscientes del impacto social (o de la ausencia de este) que ejercen los minoristas tanto en los individuos como en el entorno, y exigen cambios en las prácticas arcaicas que colocan el beneficio por delante del comportamiento empresarial honesto.

La responsabilidad social corporativa (RSC) es una faceta de la empresa en la que esta asume voluntariamente la responsabilidad de acciones que, directa o indirectamente, afectan a empleados, consumidores y medio ambiente, así como a la comunidad de la que forman parte. Es necesario desarrollar iniciativas socialmente responsables en el seno de la cultura corporativa y dedicar tiempo a integrarlas en los objetivos y planes empresariales generales.

Con el paso del tiempo, los minoristas desarrollarán iniciativas concretas, pondrán a prueba las que den buen resultado y reformularán las que no sean satisfactorias. No hay dos minoristas que compartan el mismo punto de vista respecto a la responsabilidad social corporativa; mientras que uno se centrará en utilizar textiles ecológicos, otro trabajará en la consecución de salarios justos para los operarios de las fábricas donde se producen sus prendas. Cada minorista debe decidir cuál será su área de influencia tanto en el presente como en el futuro, y desarrollar planes que se ajusten a sus metas de la mejor manera posible. Todo consiste en identificar la iniciativa, implementarla y mantenerla a lo largo de la trayectoria de la empresa, observando y abordando aquellos aspectos que repercutan, tanto positiva como negativamente, sobre las partes implicadas.

11　LA CONSTRUCCIÓN DE UNA MARCA PENSANDO EN LA RESPONSABILIDAD SOCIAL CORPORATIVA

Daniel Silverstein, que aparece en esta foto junto a John Varvatos, participó como concursante en *Fashion Star*, un concurso de talentos de la cadena de televisión norteamericana NBC. Silverstein abandonó el concurso motu proprio para poner en marcha su propia marca de moda utilizando tecnologías que no generaran residuos.

12

EJEMPLOS DE INICIATIVAS DE RESPONSABILIDAD SOCIAL CORPORATIVA

Los minoristas tienen a su alcance multitud de opciones para convertir sus empresas en organizaciones socialmente responsables. A continuación describimos diversas ideas que implementaron algunas empresas minoristas y tuvieron éxito y que se han convertido en un estándar dentro del sector:

Proyectos filantrópicos: muchos minoristas donan dinero para determinadas causas, como la investigación sobre el cáncer o el sida, o forman parte en iniciativas de equipo, como los proyectos para el desarrollo de servicios para la comunidad. En ocasiones, lo importante no es cuánto dinero puede ofrecer un minorista sino durante cuánto tiempo sus empleados estarán dispuestos a donarlo en nombre de la empresa. Esto permite que los empleados estrechen sus relaciones y, al mismo tiempo, representar a la empresa de manera positiva.

Establecimientos con certificación LEED: si se toma como norma la evaluación de la Leadership in Energy and Environmental Design, el minorista puede diseñar sus nuevos establecimientos (o rehabilitar los existentes) de manera sostenible teniendo en cuenta variables como la iluminación natural, los materiales abastecidos por proveedores locales, la iluminación de bajo consumo eléctrico, etcétera.

Iniciativas aplicables a la cadena de abastecimiento: una de las cuestiones que más preocupa a los consumidores es saber si sus minoristas favoritos implementan iniciativas positivas de responsabilidad social corporativa en sus cadenas de abastecimiento. Exigir la garantía de que los fabricantes extranjeros pagan salarios justos a sus empleados y de que las fábricas textiles no polucionan los acuíferos son dos ejemplos de cómo los consumidores van más allá del minorista para reclamar el compromiso de todos los integrantes de la cadena de abastecimiento a la hora de aplicar medidas socialmente responsables.

Aunque las empresas minoristas deben ser conscientes de que sus acciones pueden afectar al entorno y a las personas, los consumidores también deben conocer estas acciones y realizar los cambios necesarios en su comportamiento de compra para obligar a los minoristas a tener en cuenta las decisiones éticas que hay que implementar tanto corporativamente como en las comunidades y el medio ambiente.

12 LA MENTALIDAD DEL CONSUMIDOR

Roksandra Ilinčić en la fiesta de lanzamiento de Green Cut, una iniciativa celebrada en la Sommerset House de Londres que conmemora las mejores iniciativas en moda, cine y sostenibilidad.

Entrevista: Jackie Mallon, diseñadora para empresas de moda

HITOS DE SU CURRÍCULUM

1998

Máster de Moda en Central Saint Martins (Londres), en la especialidad de moda femenina.

1998-2000

Se traslada a Milán (Italia), donde empieza a diseñar la línea de difusión Cheap & Chic de Moschino.

2000-2006

Trabaja para Giorgio Armani en Milán, para quien diseña diversas categorías de producto de la colección femenina Emporio Armani, incluyendo lencería, ropa de noche, piezas de pasarela y accesorios de moda.

2006-2007

Se traslada a Estados Unidos y se convierte en jefa de diseño de un estudio con sede en Manhattan que vende sus diseños en exclusiva a Anthropologie, compañía subsidiaria de Urban Outfitters, Inc.

2007-2009

Directora de diseño de una marca contemporánea de nueva creación, con sede en Nueva York y socios fabricantes en Delhi. Se encarga del desarrollo de marca con el objetivo de llegar a un mayor número de puntos de venta, al tiempo que supervisa las operaciones de fabricación en la India.

2009-2011

Trabaja como *freelance* para una amplia variedad de empresas estadounidenses, que van desde Joan & David (compañía que diseña para el mercado asiático) hasta la colección de ropa deportiva femenina del golfista profesional Greg Norman.

2011 – ACTUALIDAD

Trabaja como docente en el departamento de moda del Art Institute de Nueva York.

P Has trabajado para dos marcas de prestigio, como Moschino y Giorgio Armani. ¿Qué proceso de investigación seguiste para conocer los diversos mercados internacionales para los que diseñabas?

R Tuve la suerte de diseñar para empresas muy bien establecidas que conocían a su clientela. Dicho esto, yo trabajé para estas compañías en un momento en el que los mercados asiáticos comenzaban a emerger con una base de clientes no explotada hasta entonces; el mundo de la moda comenzaba a reaccionar frente a este fenómeno, por lo que se prestaba especial atención a los modelos, colores y patrones que pudiesen atraer a estos nuevos clientes con dinero para gastar.

Así pues, no diseñábamos colecciones específicas para un mercado, aunque en cada colección incorporábamos las crecientes necesidades de este. Estados Unidos siempre fue un mercado importante, no solo por su tamaño sino porque, en mi opinión, el concepto del vestir femenino desde la oficina hasta la noche tiene su origen en la mujer profesional norteamericana, por lo que siempre éramos conscientes de que debíamos satisfacer a ese tipo de clienta.

P ¿Qué papel tenías en la estructura corporativa minorista en comparación con quienes trabajaban en compras y merchandising?

R Tengo dos experiencias al respecto, la europea y la norteamericana. En las empresas para las que trabajé en Europa, los equipos de compras y merchandising trabajaban de manera independiente respecto a los equipos de diseño, por lo que no nos relacionábamos demasiado en nuestra labor cotidiana. Ellos preparaban los informes de ventas, a veces los veíamos y otras veces no.

Aunque contábamos con coordinadores que servían de enlace entre ambos campos y se aseguraban de que la información importante llegase a nuestras manos, la percepción general en las empresas europeas (especialmente en aquellas cuyas colecciones se presentaban sobre las pasarelas) era que el departamento de diseño debe centrarse en captar la visión de la casa para esa temporada y que el rol del equipo de compras/merchandising era hacer que esa visión funcionase.

Si bien es cierto que diseñábamos ciertas piezas adicionales a petición de los compradores y merchandisers, por regla general su tarea se limitaba a representar con éxito el mensaje del diseñador. En Estados Unidos, por el contrario, los equipos de compras y merchandising asisten a todas las reuniones de diseño y opinan respecto a todo tipo de aspectos, desde siluetas hasta botones, algo a lo que tuve que acostumbrarme cuando llegué aquí. Su opinión sobre el diseño de una prenda, la elección del tejido, el color del mismo, los adornos o los forros tiene mucho peso.

Los informes de ventas están siempre presentes y, a menudo, se actualizan a lo largo del día. Muchos de los modelos que mejor se han vendido vuelven a proponerse para la temporada siguiente y solo se cambia el tejido o el estampado, con la esperanza de que el cliente siga comprando lo que le gusta.

Entrevista: Jackie Mallon, diseñadora para empresas de moda

P Como diseñadora en un entorno corporativo minorista, ¿cómo consigues el equilibrio entre tu concepto personal de la estética y las preferencias del mercado de consumo?

R Cuando trabajas para otro es fundamental que respetes su visión. En ocasiones, cuando te imponen restricciones a la hora de diseñar, el resultado es más creativo y sorprendente que si te hubiesen dado rienda suelta para diseñar a tu antojo. Un diseñador a quien solo le interese seguir sus planes no tiene cabida en el entorno corporativo; un diseñador de este tipo terminaría por aburrir, ya que los retos alimentan la creatividad.

P A la hora de trabajar con fabricantes del extranjero, ¿qué cuestiones de sostenibilidad quedan fuera del alcance del diseñador y del minorista? ¿Cómo se superan estos problemas?

R En Europa trabajé con empresas que manufacturan la mayor parte de sus prendas en Italia. Los talleres italianos estaban correctamente gestionados y, siempre que podían, se atenían a una praxis sostenible. Parte de las colecciones se producían en otras partes del mundo; esos talleres no se controlaban ni inspeccionaban.

Como diseñadores, en cada colección intentábamos incluir tejidos sostenibles; si algún tejido era sostenible y, al mismo tiempo, singular y digno de atención por su aspecto o por su caída, tenía más posibilidades de ser seleccionado. Pero la sostenibilidad por sí misma no era suficiente: el tejido debía ser sostenible y bonito. Las tejedurías se han dado cuenta de ello y comienzan a dar respuesta a este reto. La belleza, junto con la innovación y la sostenibilidad, conduce a un mundo mejor.

13 BOCETOS DE MODA

Las presentaciones realizadas mediante bocetos y muestras de tejido revelan el enfoque del diseñador respecto a la temporada, bien sea en las creaciones para su firma o para la casa de moda para la que trabaje.

P ¿Cuál es la diferencia entre trabajar para una empresa minorista como empleada y hacerlo como directora creativa y diseñadora *freelance*?

R Como empleada, te aclimatas a la cultura empresarial de la compañía por el mero hecho de ir a trabajar cada día y estar inmersa en el entorno; asumes su forma de trabajar casi sin darte cuenta. Como profesional autónomo, tienes que emplearte más a fondo, ser extremadamente organizado, saber leer entre líneas y gestionar tu propio tiempo de manera óptima.

También es necesario llevarse bien con todo el mundo, ya que no podrás darte el lujo de alcanzar antigüedad en tu puesto; es posible que ni siquiera cuentes con tu propia oficina, ni con las ventajas y beneficios de tus colegas, los empleados. En otras palabras, si no funciona, eres fácilmente sustituible.

P P: ¿Qué consejo le darías a los estudiantes que, tras acabar su formación, quieran incorporarse como diseñadores al sector corporativo del comercio minorista?

R Que se preparen, al menos al principio, para ser una pieza más del engranaje, lo que puede resultar duro para el ego. Si vuestro sueño es poner en marcha vuestra propia marca, el trabajar en una gran empresa puede beneficiaros a la hora de conseguir vuestros objetivos, si enfocáis la experiencia de la manera adecuada.

La experiencia en diseño en un entorno corporativo puede resultar creativa, aunque es una forma controlada de creatividad. Existen límites, condiciones y compromisos que cumplir. Aunque os convertirá en mejores diseñadores, algunos estudiantes no están hechos para esta tarea al acabar sus estudios. El éxito de un negocio depende de mucho más que de diseñar un producto estupendo.

13

"Un diseñador a quien solo le interese seguir sus planes no tiene cabida en el entorno corporativo; un diseñador de este tipo terminaría por aburrir, ya que los retos alimentan la creatividad."

Caso práctico: American Apparel

En 1989, el canadiense Dov Charney fundó una empresa basada en un marcado sentido de la responsabilidad social corporativa y en el concepto de la camiseta de algodón como icono de la cultura norteamericana. Dov perseveró en el desarrollo de esta idea, que surgió en su habitación compartida en la residencia de estudiantes y que ha crecido hasta convertirse en una de las empresas minoristas más célebres y respetadas de Estados Unidos, llamada (como no podía ser de otro modo) American Apparel.

American Apparel, cuya sede se halla en el centro de la ciudad de Los Ángeles (California), se ha convertido en un nombre de culto entre los jóvenes más vanguardistas, que no se cansan del amplio surtido de prendas básicas de moda que parecen imitar la indumentaria para practicar aerobic de los años setenta y ochenta. No solo las prendas de American Apparel son inconfundibles; lo mismo sucede con sus arriesgados (y, en ocasiones, provocativos) anuncios, que la diferencian de sus competidores. En American Apparel no hay supermodelos ni actores profesionales, sino empleados de la empresa que posan vestidos con las prendas de punto de colores básicos que tan orgullosamente fabrican en unas instalaciones, gestionadas según el modelo de integración vertical. Se trata de una auténtica tienda corporativa que está obligando a muchas empresas de moda pronta a repensarse su modelo de negocio.

"Estados Unidos no necesita otra empresa de indumentaria anónima e institucional, sino una empresa que sepa de qué va el tema y lo haga bien."

Dov Charney, fundador y director general de American Apparel

Una empresa integrada verticalmente

Actualmente existen pocas empresas de indumentaria integradas de forma vertical, es decir, que fabriquen y comercialicen sus productos tanto al por mayor como al detalle. American Apparel cuenta con el mayor taller de confección de Norteamérica y no subcontrata la fabricación de sus productos en el extranjero, a diferencia de sus competidores, que basan la obtención de mayores beneficios en el uso de mano de obra de bajo coste. American Apparel se califica como una empresa *sweatshop free*, es decir, que no explota a sus trabajadores y que lucha por garantizar que cobren un salario mínimo justo (cincuenta veces superior al que pagan otros fabricantes de moda). A ello contribuyen las tintorerías y tejedurías, propiedad de la empresa, y una eficiente gestión de la producción desde la gerencia de la oficina central.

Además de pagar salarios justos, American Apparel ofrece a todos sus empleados un seguro laboral, transporte público subvencionado y los servicios de una masajista en sus instalaciones. Célebre por defender la inmigración a ultranza, American Apparel también ofrece clases de inglés como segunda lengua. Sobre el terreno, los empleados disfrutan de generosos descuentos, y la transparencia de la que hace gala la empresa les permite dar voz a sus quejas y discutir abiertamente cualquier problema de su interés.

14   NO SOLO AMERICAN APPAREL

American Apparel comenzó su andadura en el área de Los Ángeles, pero pronto extendió sus alas hacia mercados internacionales. Al estar integrada verticalmente y vender sus productos al por mayor, la compañía está presente no solo en sus tiendas, sino también en los establecimientos de muchos minoristas de todo el mundo.

14

Caso práctico: American Apparel

Venta al por mayor y comercio minorista

American Apparel representa un buen ejemplo de cómo las empresas pueden realizar negocios al por mayor y actividades minoristas por separado. Muchos minoristas utilizan artículos de American Apparel para sus marcas genéricas; de este modo, un producto fabricado en Estados Unidos se vende en grandes cantidades por todo el planeta. El resultado es un gran volumen de producción que permite mantener los bajos costes del negocio minorista de American Apparel. Esto genera una mayor competencia en los artículos que los consumidores consideran de mayor calidad y potencia un historial de fabricación transparente. Así, la vertiente minorista de American Apparel compite con fabricantes de moda pronta que comercializan artículos básicos (como Gap, Old Navy, Express, etcétera) y que subcontratan los procesos de fabricación en naciones subdesarrolladas, sacrificando, a la larga, la calidad del artículo. American Apparel debe mantener al día su gran volumen de producción, ya que opera en más de dieciocho países y produce más de un millón de prendas a la semana.

15 CAMPAÑAS CONTROVERTIDAS

Una de las características más reconocibles de American Apparel en su vertiente minorista son sus campañas de marketing, que utilizan fotografías sin tratamiento digital y asombrosos conceptos para llamar la atención del consumidor.

Una responsabilidad social corporativa profundamente arraigada

Somos plenamente conscientes del impacto positivo que los sistemas minoristas integrados verticalmente ejercen sobre la comunidades; sin embargo, en el caso de American Apparel la cuestión no acaba aquí. Como empresa que se enorgullece de la diversidad, la compañía busca individuos que le aporten impacto y controversia. Con su conocido apoyo a la derogación de la Propuesta 8 (una enmienda constitucional del estado de California que eliminaba el derecho de las parejas del mismo sexo a contraer matrimonio) y la creación de campañas para "legalizar Los Ángeles" (*Legalize LA*, que intentaba concienciar a los ciudadanos estadounidenses sobre las reformas en la ley de inmigración), American Apparel ha intentado redefinir la forma en que las empresas minoristas y los consumidores perciben la responsabilidad social corporativa, y ha trabajado con ahínco para subir el listón para las compañías minoristas ya establecidas, convirtiéndose en un referente para las empresas de nueva creación.

"El comercio es el factor clave hacia el cambio en la sociedad. Si todos los que producen los bienes que consume el mundo comienzan a preocuparse por implementar una praxis sostenible y de bajo impacto, el mundo cambiará."

Dov Charney, fundador y director general de American Apparel

Resumen del capítulo 3

Las oficinas corporativas desarrollan su labor para garantizar que el mensaje que llega a los establecimientos sea coherente, y cada temporada planifica estratégicamente un amplio repertorio de tareas que proporcionen un crecimiento sólido. Aunque la pequeña y mediana empresa minorista no siempre cuenta con el respaldo financiero que le permita disfrutar de una oficina central, tiene que tratar con los mismos problemas a los que se enfrentan a diario los grandes minoristas, y suele hacerlo desde el entorno del punto de venta. Los grandes minoristas cuentan con diversos departamentos en sus oficinas centrales que supervisan varias funciones dentro de la organización; a medida que la empresa crece, crea divisiones territoriales que agrupan mercados similares sobre el terreno para optimizar la comunicación entre la oficina central y los puntos de venta. Tanto la pequeña como la gran empresa minorista deben ser conscientes de que sus organizaciones influyen en las personas y sobre el planeta, y deben trabajar para mantener un enfoque socialmente responsable del comercio minorista.

Preguntas y temas de debate

1. ¿Cómo apoyan las oficinas corporativas a las tiendas situadas sobre el terreno?
2. Explica brevemente la jerarquía corporativa de las empresas minoristas y el porqué de la necesidad de esta estructura empresarial.
3. Identifica dos departamentos en la oficina corporativa de una empresa minorista. ¿De qué modo se prestan apoyo mutuo por lo que se refiere a sus respectivas cargas de trabajo?
4. Define el análisis DAFO y explica su importancia dentro del plan estratégico general de un minorista.
5. ¿En qué consiste la responsabilidad social corporativa? ¿Crees que los minoristas actuales realizan una buena labor a la hora de implementarla en su cultura corporativa? Pon ejemplos que respalden tu argumentación.
6. Los compradores deben tomar muchas decisiones de carácter ético. Teniendo en mente los diversos problemas que se producen en la industria de la manufactura, comenta tres cuestiones éticas a las que un comprador pudiera tener que enfrentarse al tratar con esta parte de la cadena de abastecimiento.

Ejercicios

El concepto de responsabilidad social corporativa adquiere un significado distinto en función de la empresa minorista de la que estemos hablando. Escoge a dos minoristas, uno en cuyas tiendas suelas comprar habitualmente y otro en el que no, pero cuyo mercado objetivo sea similar (por ejemplo, Gucci y Prada). Haz una investigación exhaustiva de ambas compañías: analiza sus páginas web, lee artículos publicados sobre ellas, visita algunas de sus tiendas y habla con los equipos del punto de venta. Basándote en tu investigación, responde a las siguientes preguntas:

1. Enumera algunas de las actividades minoristas que ambas empresas están aplicando y que puedan incluirse en el concepto de responsabilidad social corporativa. Por ejemplo, puede que uno de los minoristas cuente en sus establecimientos con contenedores para el reciclaje textil y que el otro imprima todo su marketing con tintas naturales sobre papel reciclado. Pon tres ejemplos de cada empresa, como mínimo.
2. ¿Están mejor implementadas las iniciativas de responsabilidad social corporativa en una empresa que en la otra? ¿A qué crees que se debe?
3. Identifica en cada empresa minorista una iniciativa de responsabilidad social corporativa que, en tu opinión, sea un éxito. Después, identifica para cada minorista una oportunidad que le permita aplicar la responsabilidad social corporativa. Argumenta tus respuestas.
4. A medida que las iniciativas de identidad social corporativa adquieren mayor visibilidad en el sector minorista, ¿cómo crees que las empresas pueden integrarlas en sus planes estratégicos? ¿Cómo beneficiaría esto a sus objetivos globales de venta?

FILIPPA K
J.BRAND
LEBOR GABALA
MIHARA YASUHIRO
MM6 MARTIN MARGIELA
N,D,C
OPENING CEREMONY
P.A.R.O.S.H.
RING
SUN68
TOM FORD
VEJA

NOTÉNOM
& WOME

1

4

LA GESTIÓN DEL PUNTO DE VENTA

Mientras los consumidores pasan por delante de los escaparates de las tiendas decidiéndose o no a entrar, en el interior de estas les espera el entusiasta equipo que desempeña las tareas cotidianas que conlleva el complejo funcionamiento de los establecimientos físicos. Desde la apertura de la tienda hasta su cierre, el personal de gestión supervisa todo el abanico de tareas orientadas a la consecución de los objetivos de venta diarios fijados por el jefe de tienda y la oficina corporativa. Aunque estas tareas son responsabilidad general del jefe de tienda, su supervisión está en manos de diversos encargados de gestión del punto de venta, que garantizan que las estrategias minoristas implementadas por la marca se ejecuten sin contratiempos. Recursos humanos, formación y control de inventario en el establecimiento son solo algunas de las tareas que se desarrollan lejos de la mirada del público y que son cruciales para la gestión exitosa de un establecimiento en el contexto del sector minorista actual.

1 ATRAER AL CLIENTE

Los escaparates son una potente herramienta de representación de la marca que atraen a los consumidores y permiten que los equipos de ventas que trabajan en el interior del establecimiento puedan proporcionarles el servicio al cliente necesario para cerrar una venta. Los minoristas consolidados, como NOTÉNOM, son conscientes de la importancia de la marca, como podemos apreciar en esta tienda, situada en el barrio barcelonés del Born (Barcelona).

La gestión del punto de venta y de las zonas de servicio

Los equipos de gestión del punto de venta están formados por un equipo de personas que supervisan las operaciones diarias que se producen en los establecimientos físicos de una marca y que actúan como enlace entre las oficinas corporativas y el consumidor. Sobre este equipo recae una gran responsabilidad, en particular sobre el jefe de tienda (conocido a veces como "encargado"), que deberá buscar el personal, formarlo y gestionar la plantilla de manera estratégica, asegurándose de que cada empleado se comprometa a mantener la imagen de marca y, al mismo tiempo, contribuya activamente a las estrategias minoristas que permitan que el establecimiento cumpla con los objetivos económicos asignados.

Las tiendas minoristas son sistemas complejos con una estructura jerárquica en cuya cúspide se sitúa el jefe de tienda, mientras que los dependientes son la base de la cadena de mando. Bajo la dirección del jefe de tienda, los diversos jefes de departamento supervisan pequeñas parcelas dentro del conjunto de responsabilidades generales que conlleva la gestión del punto de venta, ayudando al jefe de tienda a implementar los criterios de la empresa que le sean impuestos desde la organización.

LOS PUESTOS DE GESTIÓN

Aunque el nombre de los diversos cargos difiera en cada minorista, los puestos de gestión en el sector suelen conllevar responsabilidades similares. A continuación ofrecemos una lista de los diversos puestos de gestión que a menudo podemos encontrar en los establecimientos minoristas:

× **Jefe de tienda:** dirige la tienda y desempeña multitud de tareas para hacer que el punto de venta físico funcione de forma eficiente. A menudo, el puesto de jefe de tienda es el cargo de mayor rango en el establecimiento, y se ocupa de la formación y desarrollo de los jefes de departamento, según los estándares de la empresa.
× **Jefe de operaciones/jefe de instalaciones:** supervisa las labores de mantenimiento del local, como la limpieza y las pequeñas reparaciones de electricidad o fontanería; actúa como representante de la tienda frente a contratistas externos y se encarga de realizar los pedidos de suministros para la tienda.
× **Jefe de contratación:** enlace directo con la oficina corporativa por lo que se refiere a la contratación de empleados para la tienda. Se encarga de que los expedientes de los empleados estén completos y de la formación y el desarrollo continuo del personal.

× **Jefes del departamento de indumentaria/accesorios:** están al cargo de departamentos específicos dentro del establecimiento, como la moda femenina, la moda masculina o los accesorios. Suelen supervisar menos tareas dentro de sus departamentos, e informan al jefe de tienda de éxitos de ventas, posibles oportunidades de negocio, aptitudes de los empleados, etcétera.
× **Jefe de logística:** se encarga tanto de recibir como de realizar envíos a diario. Sus principales responsabilidades incluyen la logística, el control de inventario y la tramitación de envíos.
× **Visual manager:** suele trabajar junto con el jefe de tienda en la implementación y mantenimiento de los requisitos visuales dictados desde la oficina corporativa. Utiliza una combinación de estrategias de merchandising y de visual merchandising para transmitir la estética general de la marca a los consumidores.

2

Al trabajar mano a mano con el jefe de tienda, los jefes de departamento comparten la responsabilidad de la apertura y cierre del establecimiento, la formación de los empleados, el diseño de la zona de venta según la temporada (que analizaremos con detalle en el capítulo 5) y otras tareas necesarias para el eficiente funcionamiento cotidiano del punto de venta. El término "trastienda" o "zona de servicio" se utiliza para describir las áreas del establecimiento a las que el público no tiene acceso, como el almacén, la oficina del jefe de tienda y las salas de descanso del personal. Aquí es donde los equipos del punto de venta realizan las funciones minoristas que suelen resultar invisibles para los clientes. Cada empleado del establecimiento realiza alguna de estas actividades de trastienda que permiten que la parte del establecimiento abierta al público, es decir, el espacio de venta, se oriente al consumidor.

2 UN DESTINO COMPARTIDO

Los encargados trabajan codo con codo para garantizar que las funciones de la zona de servicio se realicen con regularidad semanal, lo que permitirá que el espacio de venta desempeñe su labor de manera más eficiente. Ya se trate de controlar las tallas, realizar un pedido de suministros o contratar a nuevos empleados, todos los jefes se prestan apoyo mutuo de manera activa, y a menudo asumen responsabilidades que no corresponden a las propias de su cargo.

La gestión del punto de venta y las zonas de servicio

La trastienda o zona de servicio

Como hemos dicho, la trastienda son aquellas zonas del establecimiento a las que el público no tiene acceso directo. Las salas de descanso, los almacenes y las oficinas son espacios que guardan información crucial para la empresa, así como productos de esta, que deben mantenerse lejos del público. Estas áreas de acceso restringido se destinan a alguna de las siguientes funciones:

× Ofrecer una zona segura y protegida donde se pueda contabilizar el efectivo y procesar los pagos, las devoluciones y los descuentos a clientes, y otras tareas que deben realizarse en un entorno protegido.
× Proporcionar un área de descanso para que los equipos de la tienda puedan comer, relajarse y socializar lejos de la zona de venta.
× Procesar y almacenar los envíos recibidos que contengan artículos para reponer las existencias de la tienda.
× Ofrecer una zona para guardar pólizas y documentación, tanto de la empresa como relacionada con la legislación vigente, a nivel local como nacional, de modo que sea visible y accesible para todos los empleados.

× Proporcionar espacio para almacenar expositores, accesorios, maniquíes y otros elementos para displays visuales que no se utilicen de manera habitual.

Por regla general, los establecimientos minoristas prohíben que el público acceda a la zona de servicio, a no ser que la persona vaya acompañada por un encargado. Debido al material que se encuentra a la vista en estas zonas y a la necesidad de mantener un estricto control de las existencias, es rara la ocasión en la que un encargado permitirá el acceso a la zona de servicio a personas ajenas a la empresa, a no ser que se trate de una entrevista de trabajo a algún candidato potencial.

Rutinas cotidianas

Los encargados pasan gran parte de su jornada laboral en la trastienda planificando y organizando los calendarios de trabajo de los empleados según las necesidades del establecimiento y las directrices que se les hayan comunicado desde la oficina central. Para ello, deberán tener en cuenta los cálculos de las nóminas, la disponibilidad de los empleados, las promociones que desee realizar la empresa, las vacaciones y una

7:00

TURNO DE MAÑANA

× El encargado del turno de mañana abre la tienda.
× El equipo de apertura revisa las notas de cierre del día anterior y se encarga de resolver los problemas que requieran solución inmediata.
× Se pone en marcha la rutina de limpieza y se reponen las existencias.
× El encargado del turno de mañana revisa la agenda del día e informa al equipo sobre el objetivo diario de ventas.
× Se completan las directivas de los diferentes departamentos y se prioriza el servicio al cliente.

TURNO DE MEDIODÍA I

× El turno de mediodía releva al de mañana para que este pueda disfrutar de un receso.
× El equipo de mañana regresa de su pausa y, junto con el turno de mediodía, finalizan las tareas pendientes.
× El equipo se centra en el cliente y anticipa las horas punta de ventas.

multitud de factores que pueden influir en el funcionamiento cotidiano del establecimiento.

Aunque las rutinas diarias de los minoristas varían en función del tipo de establecimiento, la mayoría sigue un plan similar a las horas de apertura y cierre de sus puertas. Los equipos de mañana se encargan de la limpieza y de la reposición de los artículos que se hayan vendido el día anterior, prestando especial atención a las zonas clave, como la entrada del establecimiento, los displays y el área de los mostradores de caja. Al no haber clientes en la tienda, los empleados pueden entrar y salir con total libertad de las zonas de servicio e ir a buscar (o llevar) productos al almacén. Estos equipos se encargan de limpiar la tienda a fondo, centrándose en aquellas zonas orientadas al servicio al cliente, como los probadores o los mostradores de caja.

Los equipos de mediodía se programan para relevar a los equipos de mañana, a fin de que estos puedan disfrutar de un descanso, y para concentrarse en ofrecer un servicio al cliente que genere ventas durante su franja horaria. En este turno no es necesario realizar una intensa reposición de artículos, por lo que los equipos pueden centrarse en las ventas. Cuando los equipos de cierre llegan al establecimiento, mantienen las iniciativas de servicio al cliente y se centran en ordenar la zona de venta tras una tarde de creciente tránsito de clientes. Los integrantes de estos equipos reorganizan la zona de venta de modo que, a la mañana siguiente, el establecimiento pueda abrir sus puertas (y estar operativo) en caso de que surja algún problema a la hora de apertura.

Todo esto se produce mientras los encargados van y vienen de la zona de servicio para atender llamadas, entrevistar a empleados potenciales, inventariar las existencias y realizar una serie de tareas que deben hacerse lejos de la mirada de los clientes, para no distraerles de sus compras.

3 RESPONSABILIDADES DE LOS TURNOS

Los horarios de los empleados se programan en diversos turnos que se solapan; comienzan antes de la apertura de la tienda y finalizan tras el cierre de esta. Cada turno desempeña una serie de tareas y responsabilidades específicas para mantener el buen funcionamiento de la zona de venta de cara al cliente.

3

TURNO DE MEDIODÍA II

× El equipo del segundo turno de mediodía reemplaza al del primer turno para que este pueda disfrutar de un descanso.
× Se finalizan todos los proyectos pendientes, a menos que sea necesario reponer existencias para la consecución de los objetivos de ventas diarios.
× Las tareas se focalizan en captar al cliente a la entrada del establecimiento, en la zona de venta, en los probadores y en el mostrador de caja.
× En esta fase de la jornada no se pone en marcha proyecto alguno.

TURNO DE NOCHE

× El equipo de cierre trabaja para superar el objetivo de ventas diario mediante un servicio al cliente mejorado.
× Comienza la rutina de cierre: se realiza el recuento de cajas, se limpian y ordenan los probadores, y se realiza el cierre de caja.
× Se reponen existencias, aunque la principal tarea consiste en ordenar la zona de ventas.
× Los encargados recopilan sus notas para el equipo de apertura y cierran el establecimiento.

22:00

La gestión del personal

De entre las tareas relativas al funcionamiento del punto de venta, la que plantea uno de los mayores desafíos es la coordinación de los empleados que forman el equipo de la tienda. Desde los encargados hasta los dependientes, cada integrante del equipo desempeña una tarea específica que contribuye al éxito del establecimiento y cuya negligencia podría tener un efecto negativo si no se gestiona de la manera adecuada. El buen desempeño de un empleado comienza en el momento en que acepta la oferta de trabajo.

Las entrevistas y los expedientes del personal

La gestión de la plantilla de un establecimiento no es tarea fácil. Cada encargado debe garantizar que los equipos del establecimiento reciban la formación adecuada, trabajen de manera eficiente y, lo que es más importante, se sientan valorados por la empresa. Desde la entrevista de trabajo hasta el momento de la contratación, y a lo largo de la relación laboral del empleado con la empresa, los encargados llevan a cabo ciertas tareas necesarias para cumplimentar el expediente del empleado, asegurándose de darle seguimiento y *feedback* constante para garantizar que cumple con la legislación, tanto local como nacional, y con las normas de la empresa.

4·5 LAS ENTREVISTAS
A CANDIDATOS

Si la tienda es pequeña, el encargado comprobará la trayectoria y las referencias del candidato durante los descansos de su jornada laboral. En ocasiones, si una tienda o un grupo necesita contratar a un gran número de dependientes, la empresa minorista puede organizar varias sesiones de entrevistas, durante las cuales los interesados rellenarán formularios de solicitud y realizarán entrevistas en grupo.

Cuando se convoca a un empleado potencial para una entrevista, se le pide que traiga su currículum vítae y un formulario de solicitud de empleo (cumplimentado). Estos son los dos primeros documentos que se incluirán en el expediente del empleado y se guardará en el archivo hasta que cese su relación laboral con la empresa. Si al final se contrata a este candidato potencial, el encargado añadirá al expediente los elementos que requiera la legislación local y nacional (la copia del DNI, los permisos de trabajo necesarios, la información fiscal, etcétera) y la empresa, como el acuse de recibo del manual del empleado y las cartas con ofertas de trabajo.

El establecimiento conservará el expediente del empleado mientras este trabaje para la empresa y durante un período de entre tres y siete años (dependiendo de la legislación local aplicable), si ha dejado de trabajar allí.

La gestión del personal

Las entrevistas grupales

Dependiendo de la temporada y del número de candidatos que la tienda necesite contratar, el encargado que deba realizar las entrevistas puede optar por hacerlas de manera individual o por reunir a varios candidatos para realizar una entrevista en grupo. Las entrevistas grupales se han convertido en algo habitual dentro del sector, ya que permiten que los encargados distingan fácilmente los diversos tipos de personalidad y la ética profesional de cada individuo, así como evaluar cómo trabajarán en grupo los candidatos. La identificación de estas características permite que los entrevistadores escojan a aquellos candidatos que mejor se ajusten a la cultura empresarial de la compañía y que mejor trabajen en equipo.

Formación y desarrollo

La calidad de un dependiente como empleado depende de la profesionalidad de su formador. Muchos minoristas, al darse cuenta de esto, están invirtiendo mucho en módulos de formación para sus empleados, para conseguir que la interacción con el cliente y la imagen de la compañía se mantengan en todos sus establecimientos. La formación se imparte en diversos formatos, aunque la combinación de algunos de los siguientes métodos contribuye a mejorar el aprendizaje:

× Juegos de rol.
× Observación del personal experimentado.
× Medios digitales interactivos.
× Manuales y vídeos para los empleados.
× Evaluaciones del personal.

EL PROCESO DE CONTRATACIÓN

Cumplimentación del formulario de solicitud/ presentación del currículum vítae	Entrevista preliminar	Comprobación de las referencias/ realización de pruebas	Segunda entrevista/ entrevista final	Toma de decisiones

Los programas de formación varían según el minorista, aunque la mayoría incluyen aspectos referentes a su misión, objetivos y procedimientos. Es importante comprender que la formación no solo consiste en implementar nuevos programas, sino en formar al empleado de manera continua, mientras dure su relación profesional con la empresa, en todos aquellos niveles de la organización que resulten cruciales para el éxito de esta.

El desarrollo del personal es un proceso continuo para los encargados, ya que proporciona a los empleados la formación necesaria para que puedan ascender a puestos de liderazgo. En cualquier ámbito, las mayores oportunidades profesionales para un encargado del sector minorista se dan cuando este proporciona al dependiente las bases para su crecimiento, ofreciéndole la oportunidad de involucrarse en las diversas estrategias que ponen en marcha los establecimientos minoristas.

No es insólito que un dependiente pierda el rumbo en la zona de venta, por lo que es fundamental que los encargados implementen unos sólidos planes de desarrollo para la plantilla, les marquen unos objetivos asequibles y les ofrezcan respuestas coherentes.

CANDIDATOS INTERNOS Y EXTERNOS

Contratar a candidatos que provienen de la propia plantilla o buscar personal ajeno a la empresa tiene sus ventajas e inconvenientes. Veámoslos:

Candidatos internos
× Están familiarizados con la cultura empresarial de la compañía.
× La empresa ha invertido en su formación y desarrollo.
× Motiva a los empleados a trabajar para alcanzar un ascenso.
× El candidato puede estancarse, estar descontento o carecer de ideas nuevas.

Candidatos externos
× Aportan nuevas ideas y nuevos puntos de vista al establecimiento.
× Tienen muchas ganas de aprender.
× No están familiarizados con la cultura empresarial ni con las prácticas de la compañía.
× Presentan una tasa de rotación elevada.

6 EL PROCESO DE CONTRATACIÓN

Cada fase del proceso de contratación es relevante y necesaria para garantizar que se ha escogido al mejor candidato posible y que será capaz de desempeñar las tareas propias de su puesto de trabajo.

Logística del punto de venta

Los equipos del punto de venta deben controlar totalmente las operaciones que se realizan allí y, en particular, los sistemas logísticos que permiten que las tiendas funcionen de manera eficiente y al cien por cien de su capacidad. Desde realizar el inventario hasta diseñar estrategias de establecimiento de precios, los equipos del punto de venta podrían pasar todos sus turnos desempeñando estas tareas, entre las que no se incluye la atención al público. Por ello, la comunicación constante entre los establecimientos, oficinas corporativas y proveedores independientes facilita las operaciones que se realizan en el punto de venta.

La logística de un establecimiento minorista pertenece al ámbito de la coordinación y la gestión del flujo de recursos desde el punto de origen hasta el consumidor final. Es crucial conseguir que la comunicación fluya de manera eficiente, tanto para los bienes tangibles como para los servicios intangibles que vende o presta el punto de venta. Sobre el terreno, todas las partes implicadas organizan y gestionan la logística, aunque no siempre se implementa de la manera más adecuada (o satisfactoria). Para todos los participantes del proceso logístico es fundamental tomar la iniciativa en todo momento, anticiparse y estar preparados para reaccionar frente a los contratiempos que puedan surgir en el sistema.

LA LOGÍSTICA DEL COMERCIO MINORISTA

La logística consiste en la gestión de bienes tangibles e intangibles que los establecimientos minoristas implementan de manera cotidiana:

Bienes tangibles
× Envío y recepción de existencias y suministros.
× Medidas de control de las existencias.
× Mercancías.

Bienes intangibles
× Flujo de información desde las oficinas corporativas hasta las tiendas (en forma, por ejemplo, de informes de ventas, listas de stock o ajustes de precio).
× Tiempo dedicado a determinados proyectos.
× Intercambio de dinero mediante transacciones a crédito y a débito.

7 MODELO DE GESTIÓN LOGÍSTICA DEL COMERCIO MINORISTA

Desde las materias primas hasta los bienes de consumo, los minoristas gestionan el flujo de productos y servicios de manera continua. Este discurre desde los proveedores hasta los compradores; además, si se aplica la logística inversa, los artículos y la información circulan desde los consumidores hasta los minoristas. Este modelo funciona de manera paralela y simultánea a la cadena de abastecimiento que hemos visto en el capítulo 1.

MODELO DE GESTIÓN LOGÍSTICA DEL COMERCIO MINORISTA

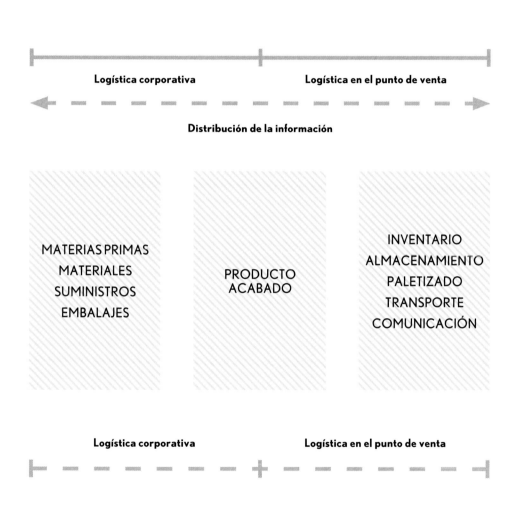

Logística corporativa   **Logística en el punto de venta**

Distribución de la información

MATERIAS PRIMAS
MATERIALES
SUMINISTROS
EMBALAJES

PRODUCTO
ACABADO

INVENTARIO
ALMACENAMIENTO
PALETIZADO
TRANSPORTE
COMUNICACIÓN

Logística corporativa   **Logística en el punto de venta**

Logística del punto de venta

Distribución

A corto plazo, la logística en el punto de venta permite que los minoristas realicen sus rutinas diarias sin contratiempos; a largo plazo, permite que la empresa minorista se expanda en el mercado y, a menudo, penetre en comunidades nacionales o globales a las que sus marcas nunca habían tenido acceso. De entre los segmentos de la logística del punto de venta, la distribución, la comunicación y los servicios de valor añadido son los más complejos, ya que requieren una evaluación constante para que el minorista pueda mantener su trabajo en el mercado.

La distribución de mercancías es una tarea fundamental, especialmente debido a la amplia presencia de empresas minoristas de comercio electrónico y a los procesos simplificados de envío que se utilizan en el comercio minorista actual. Hoy en día, los minoristas pueden reponer sus niveles de existencias en tienda con gran celeridad, gestionar las devoluciones de sus clientes o enviar los artículos al consumidor desde sus almacenes (o desde los almacenes de sus proveedores) gracias a medios como Internet o a las agendas electrónicas de bolsillo (que veremos en el capítulo 6).

Los avances tecnológicos simplifican el sistema de distribución, y permiten un plazo de respuesta más rápido tanto para el minorista como para el consumidor.

8

La comunicación

El departamento de tecnologías de la información de una empresa minorista es una pieza crucial para su metodología de comunicación, y puede provocar el incremento o el declive de sus ventas globales. Pensemos, por ejemplo, en la impaciencia que puede generar en el consumidor la lentitud de una transacción con tarjeta de crédito por vía telefónica o por Internet, o que le dejen mucho rato a la espera; esto puede llegar a convencer al consumidor de que no necesita el artículo o impulsarle a buscarlo en otro minorista que le proporcione mayor rapidez en el servicio. Además del apoyo que el departamento de tecnología del minorista presta al consumidor, los puntos de venta deben ser capaces de comunicarse entre sí y con sus oficinas corporativas con facilidad para tratar cuestiones como las actualizaciones de producto o los cambios en la política de la empresa.

Asimismo, pueden implementarse otros sistemas de comunicación para áreas especializadas, como las gestiones bancarias, la gestión de pedidos entre el proveedor y el vendedor, los envíos de publicidad directa y la participación en medios sociales.

9

Los servicios de valor añadido

Los servicios de valor añadido comprenden las áreas del proceso logístico que se enfocan hacia el producto y que contribuyen a generar ventas de manera más eficiente, como por ejemplo:

- × El etiquetado del producto.
- × El embalaje del producto.
- × El etiquetado de la paquetería tras el paletizado.
- × La metodología aplicable a la gestión de las cajas registradoras.

La logística puede contribuir de diversas maneras al éxito de una empresa minorista, por lo que debe someterse a una evaluación continua para garantizar que las estrategias empleadas sean las más rentables y eficientes.

8.9 LOS CANALES LOGÍSTICOS

La distribución, la comunicación y los servicios de valor añadido son algunos de los aspectos más cruciales para el minorista. Estos sistemas no solo contribuyen a generar ingresos para la empresa y a facilitar la labor de los empleados, sino que si son sistemas frágiles y poco eficientes afectarán forzosamente a la percepción que el consumidor tiene de la empresa.

El control de la mercancía y la prevención de pérdidas

La prevención de pérdidas supone una batalla constante para las empresas minoristas, ya que las obliga a tratar continuamente con factores tanto internos como externos que, en última instancia, pueden reducir los beneficios generales del establecimiento e incrementar los costes de las tácticas minoristas de la empresa. Las iniciativas de prevención de pérdidas se implementan para prevenir que, en última instancia, se repercutan en el consumidor, incrementando los precios o sacrificando la calidad del producto.

Mientras la prevención de pérdidas engloba aquellas acciones que pretenden impedir el hurto en los establecimientos, el término *merma de inventario* se utiliza para cuantificar dicha pérdida. El índice de merma de inventario se expresa como un porcentaje de la totalidad de las ventas de la tienda. Así, por ejemplo, si un día una tienda ha facturado 10.000 dólares (unos 7.300 euros) en ventas y se estima que en el mismo día se han perdido 500 dólares (aproximadamente 365 euros) en producto, la tasa de merma de inventario será de un cinco por ciento ($500 : 10.000 = 0{,}05 \times 100 = 5\%$), es decir, el porcentaje de pérdidas debidas a hurtos o errores humanos es del 5 %. Por regla general, las empresas minoristas no revisan el índice de merma de inventario diariamente, sino que toman nota de las potenciales pérdidas diarias y comparan las cifras a final de año, cuando el inventario de existencias del establecimiento se compara con los informes corporativos.

La merma de inventario se debe a diversos factores, aunque los más comunes suelen pertenecer a alguno de los tres grupos siguientes:

× Hurto interno: pérdidas debidas a hurtos por parte del personal, tanto en el punto de venta como corporativamente, o pérdidas debidas a hurtos cometidos en los canales logísticos, como el abastecimiento o la distribución.
× Hurto externo: pérdidas ocasionadas por hurtos en el establecimiento o por fraudes bancarios/por Internet.
× Errores administrativos: errores debidos tanto a causas internas como externas, como el recuento erróneo de las entregas o el error al marcar el precio de los artículos.

Aunque a muchos minoristas les preocupa más la pérdida en sí misma que cómo se ha producido, es importante conocer los factores causantes de la pérdida, ya que permite que la empresa minorista tome las medidas necesarias para evitar que se vuelva a producir.

"La merma de inventario es la mayor amenaza para la obtención de beneficios en nuestro sector."

Alasdair McKichan, presidente del Retail Council de Canadá

10 LOS HURTOS INTERNOS

Los minoristas se enfrentan continuamente al hurto dentro de la propia empresa, que en ocasiones es más difícil de controlar que los errores administrativos o el hurto externo. A veces, los dependientes creen que no les pagan lo suficiente y se llevan productos a modo de compensación. Otro problema al que se enfrentan los minoristas es lo que en inglés se conoce como *sweethearting*, que se produce cuando los dependientes que operan las cajas registradoras no registran el importe total de la venta o hacen la vista gorda frente a amigos que hurtan mercancías en complicidad con el cajero.

El control de la mercancía y la prevención de pérdidas

11

LA DISTRIBUCIÓN DE MERCANCÍAS

Independientemente de su tamaño, las empresas minoristas necesitan implementar medidas de control de las mercancías que se reciben y se envían desde sus establecimientos, especialmente para asegurarse de que los artículos recibidos coinciden con los que figuran en la factura que acompaña al envío. Existen diversas maneras de controlarlo:

× **Distribución interna:** la mercancía se envía directamente a las tiendas, donde los equipos del punto de venta contrastan el inventario con la factura del envío.
× **Centros de recepción centralizada:** la empresa minorista envía la mercancía a unas instalaciones centrales, donde se cotejan las cantidades de artículos recibidas con las correspondientes facturas, para distribuirlas entre los diversos puntos de venta.
× **Centros de recepción regionales o nacionales:** son almacenes situados en varias regiones o en un área central que reciben la mercancía y, posteriormente, la distribuyen a los centros de recepción centralizada.

11-12   MECANISMOS DISUASORIOS DEL HURTO POTENCIAL

La mayor parte de las empresas minoristas utiliza una combinación de mecanismos disuasorios para prevenir el hurto en sus establecimientos. Un servicio al cliente mejorado, los sensores colocados en las prendas o el empleo de seguridad privada son algunos de los métodos más utilizados en las tiendas.

Mecanismos disuasorios frente al hurto

Las empresas minoristas siempre buscan nuevas formas de prevenir el hurto en sus puntos de venta y, a menudo, recurren a la tecnología con este fin. Sin embargo, nada más implementar los nuevos avances tecnológicos, los rateros encuentran el modo de sortearlos. Estos son los mecanismos disuasorios frente al hurto utilizados por las empresas minoristas:

× Recuento de cantidades: consiste en cotejar un recuento real de las existencias con un informe de inventario o realizar un recuento de las unidades recibidas y contrastarlo con la factura correspondiente.
× Uso de sistemas electrónicos antirrobo: estos sistemas detectan aquellos artículos provistos de un dispositivo magnético que dispara un sistema de alarma al pasar por él. Este es el sistema tecnológico más utilizado.
× Cámaras de videovigilancia: instaladas por todo el establecimiento, captan imágenes en directo que pueden verse y grabarse en las oficinas centrales.
× Comprobación de los antecedentes de los empleados: consiste en una comprobación exhaustiva de los antecedentes del personal.
× Controles en los probadores: consiste en la monitorización continua de los probadores, que siempre deben estar ordenados y registrarse en busca de etiquetas magnéticas, en un control constante de los clientes.

Los minoristas coinciden en señalar que el mejor mecanismo disuasorio del hurto es el servicio al cliente; la interacción con este le indica que somos conscientes de su presencia, lo que evita que aproveche la ocasión para sustraer género.

12

Entrevista: Shana Tabor, minorista de integración vertical

HITOS DE SU CURRÍCULUM

1996-1999

Estudia diseño de joyas en el Fashion Institute of Technology (FIT) de Nueva York, seguido de un programa anual intensivo de diseño de accesorios, también en el FIT.

1999-2002

Trabaja como *freelance* en los ámbitos del diseño y del merchandising para diversas empresas neoyorquinas de fabricación de joyas y accesorios en serie, especializándose en licencias y artículos de marca genérica.

2002-2004

Desarrolla labores de asistente del diseñador en Roxanne Assoulin, empresa dedicada al diseño de bisutería de alta gama.

2005 - ACTUALIDAD

Lanza al mercado In God We Trust (IGWT), marca polifacética que incluye indumentaria masculina y femenina, joyería y accesorios, así como colecciones de marca genérica, centradas en productos fabricados en Estados Unidos. Bajo la marca IGWT, abre tres establecimientos físicos en Nueva York y una web de comercio electrónico. Lanza la colección de joyería nupcial "Let's Get Serious", compuesta por anillos de compromiso y alianzas matrimoniales personalizados.

13

P ¿Cuál es la historia del nombre de la marca, In God We Trust?

R Es una observación general sobre el consumismo en Estados Unidos y sobre el valor que damos a los objetos.

P **Como minorista de integración vertical, ¿cómo gestionáis los requisitos que demandan el fabricante, el mayorista y el minorista?**

R Actualmente solo comercializamos al por mayor nuestra línea de joyería, que siempre producimos sobre pedido; por tanto, mientras contemos con la mano de obra necesaria en nuestro estudio, no hay problema. Para nosotros, la joyería es muy diferente a la indumentaria; nuestro cliente minorista hace pedidos de repetición continuamente, por lo que no estamos obligados a esperar que comience una nueva temporada para lanzar al mercado las nuevas colecciones. En cuanto a la indumentaria, producimos para suplir a nuestros propios establecimientos; para ello, analizamos las ventas directas de las temporadas anteriores y controlamos nuestro presupuesto para producción. Como fabricamos pequeños volúmenes, bien en la propia empresa o en talleres locales, tenemos un plazo de respuesta rápido y podemos llenar huecos en caso de necesitar más mercancía o nuevos artículos.

P **Al trabajar tanto con marca genérica como con firmas nacionales, ¿cómo determináis el mix de producto más adecuado para vuestras tiendas?**

R Cada vez trabajamos menos con firmas nacionales o con marcas de terceros, ya que intentamos concentrarnos en fabricar nuestro propio producto y en ofrecerlo en exclusiva a través de nuestras propias tiendas. Compramos marcas que ofrecen categorías de producto que nos resultan muy difíciles o costosas de producir en la región, como prendas de punto hechas a mano o a máquina, pequeños artículos de marroquinería, calzado, etcétera.

"No hay nada comparable a crear el ambiente de una tienda física; Internet aún no se las ha ingeniado para conseguirlo."

13 MUROS DE LADRILLO Y CAÑERÍAS VISTAS

Muchos propietarios de tiendas utilizan la arquitectura preexistente en sus establecimientos como parte de su display visual, lo que no solo resulta económico sino que da a la tienda un toque autóctono, propio de la idiosincrasia de muchas zonas comerciales tradicionales.

Entrevista: Shana Tabor, minorista de integración vertical

P ¿Qué aptitudes buscáis a la hora de contratar personal para vuestros establecimientos?

R Siempre buscamos perfiles de primera clase, gente agradable, bien educada, ingeniosa e interesante. Creo que el personal de nuestras tiendas o de nuestro estudio se implica en nuestra empresa y se enorgullece de formar parte de ella. Ofrecer a alguien un sentido de la integridad, marca la diferencia.

P ¿Cómo contribuyen a propiciar las transacciones en la web de IGTW vuestras tiendas tradicionales?

R Intentamos que el personal de nuestras tiendas implique a nuestros clientes. Para ello, utilizamos fotografías del público vistiendo nuestras prendas e, incluso, de sus mascotas. Las redes sociales también tienen un papel importante y nuestros clientes han respondido muy bien. Todos nuestros empleados aparecen en nuestra página web. ¡Somos un equipo!

P ¿En qué ámbito crees que vuestro negocio experimentará un mayor crecimiento durante los próximos cinco años, en las tiendas físicas o en el comercio electrónico?

R Podría responder que ambos, aunque eso dependerá de la energía con que contemos como personas para hacer crecer las tiendas físicas, ya que gestionar un establecimiento físico implica muchos más gastos (y dolores de cabeza). Sin embargo, no hay nada comparable a crear el ambiente de una tienda física; Internet aún no se las ha ingeniado para conseguirlo.

P ¿Cómo conseguís que los clientes vuelvan a vuestras tiendas en esta era digital del comercio electrónico?

R Espero que se deba a nuestro increíble personal, nuestro servicio al cliente y nuestra selección de productos.

14 UN SELECTO *STOCK* DE ARTÍCULOS

Los displays con productos cuidadosamente seleccionados crean una atractiva experiencia de compra para el consumidor y permiten almacenar el producto en la zona de venta, eliminando la necesidad de contar con existencias de refuerzo. De este modo, se evita la pérdida de ventas.

Caso práctico: All Saints

A primera vista, uno no puede evitar sentir admiración ante las paredes cubiertas con máquinas de coser Singer que forman los escaparates de entrada de muchos de los establecimientos de All Saints. Este emblemático display es el primer elemento visual que esta empresa minorista británica utiliza para atraer a los consumidores que desean experimentar lo que muchos llaman "chic roquero".

Fundada en 1994, All Saints comenzó su andadura como mayorista de ropa masculina, suministrando artículos de alta calidad a grandes almacenes de lujo, como Harrods y Harvey Nichols. La marca fue fundada por el diseñador Stuart Trevor, quien, con visión estratégica, inauguró su primera tienda el 1 de noviembre de 1997 (día de Todos los Santos). Un año más tarde, Trevor y Kait Bolongaro (la diseñadora de las colecciones para mujer) lanzaban al mercado la colección femenina en su establecimiento londinense de Foubert Place. Desde entonces, All Saints ha ido creciendo hasta incluir colecciones de accesorios y calzado, tanto masculinos como femeninos, así como colecciones de ropa infantil.

En la actualidad, la marca cuenta con más de cien tiendas en todo el planeta y más de treinta córneres en otros tantos establecimientos minoristas. Esta amplia presencia mundial se gestiona desde las oficinas centrales de All Saints, en Londres (Reino Unido), aunque la empresa cuenta con oficinas regionales en Estados Unidos, Asia, Oriente Próximo y Europa. Este vasto alcance permite que la marca se mantenga en sintonía constante con sus mercados y ofrece a sus clientes la estética industrial vintage que la caracteriza.

"Creo que es fundamental sumergirse en el mercado, estudiar las últimas tendencias, averiguar qué hay ahí fuera y ser original, pero debemos asegurarnos de que el resultado no deje de ser viable desde el punto de vista económico."

Stuart Trevor, cofundador de All Saints

Una estética inolvidable

Si los clientes no recuerdan el escaparate con las máquinas de coser vintage que rinde homenaje a Spitalfields (distrito londinense antiguamente dedicado a la manufactura textil), recordarán con total seguridad las bellas combinaciones de materiales en bruto que impregnan los espacios interiores de las tiendas de All Saints. La madera sin pulir, las paredes de ladrillo y los elementos de acero recuperados, provenientes de máquinas industriales, forman unas superficies de marcada textura que son el complemento ideal para una combinación de productos de colores tenues, habilidosamente dispuestos para la venta en toda la superficie de la tienda.

Desde el punto de vista estético, no se aprecian grandes cambios entre las secciones dedicadas, respectivamente, a la ropa femenina y masculina, que solo se diferencian gracias a los modelos y a la colocación del producto. Los elementos arquitectónicos permiten descubrir los artículos, distribuidos por la zona de venta y cuidadosamente seleccionados. Un vago olor a madera y a moho se mezcla con el rico aroma del cuero con el que están fabricados el calzado y los accesorios de la marca, dando lugar a un ambiente que evoca las factorías industriales de principios del siglo XX.

15   VINTAGE CONTEMPORÁNEO

Los materiales rústicos y los elementos y displays vintage crean un atractivo entorno de compra para los consumidores y reafirman la imagen de la marca.

15

Caso práctico: All Saints

Iniciativas de servicio al cliente

All Saints domina el arte del servicio al cliente, a quien permite fotografiar el interior de sus establecimientos y le ofrece todo tipo de información sobre el producto o la compañía. Mientras que la mayoría de los minoristas mantienen un cierto nivel de secretismo por lo que se refiere al diseño de sus tiendas y de sus displays, All Saints es bastante transparente al respecto, y así fomenta que sus clientes y admiradores se conviertan en anuncios andantes y parlantes de la marca. Las tiendas están tan orientadas al cliente como el personal que las atiende; los establecimientos de la marca utilizan tecnología (en forma de iPads de Apple) que permite a los compradores buscar artículos que están fuera de *stock* o guardados en el almacén. Este sistema trabaja junto con una página web (ya de por sí fácil de usar) que permite que los clientes busquen artículos en función de la talla, el color o la disponibilidad, así como solicitar que se los envíen directamente a su domicilio.

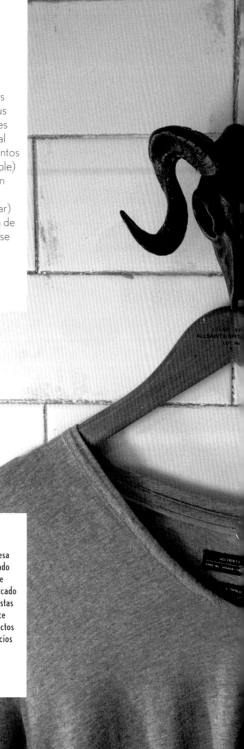

16 UN MINORISTA DE PRIMERA LÍNEA

All Saints es una empresa minorista con un mercado nicho posicionada entre la moda pronta del mercado intermedio y los minoristas de gama alta, que ofrece una selección de productos de buena calidad a precios asequibles.

"No somos una empresa fabricante de ropa, no somos una empresa minorista, somos más que una simple cadena de tiendas. Para llevar este concepto a una escala global, tienes que emular lo que sucede fuera del sector, y ahí está la diferencia."

William Kim, director ejecutivo de All Saints

16

Resumen del capítulo 4

El establecimiento minorista actúa como enlace entre las oficinas
corporativas y el consumidor. Aunque muchos puedan pensar
que se trata de una tarea fácil, lo cierto es que garantizar que
los sistemas implementados funcionen para todas las partes
implicadas, permitiéndoles disfrutar de una experiencia
positiva y satisfactoria, comporta un gran esfuerzo. Sobre
los establecimientos minoristas pesa la responsabilidad de
supervisar multitud de sistemas logísticos que les permitan
desarrollar su labor sin contratiempos. Desde la contratación
y formación de dependientes hasta la puesta en marcha de
métodos de prevención de pérdidas para garantizar que el
crecimiento comparativo sea superior al de años anteriores,
el establecimiento minorista solo tendrá éxito económicamente
si lo gestiona un equipo experimentado, formado por individuos
que trabajen diariamente para facilitar el ejercicio de tareas
dentro del sistema que permitan tanto el desarrollo profesional
del personal de ventas como el incremento de las ventas de
la tienda.

Preguntas y temas de debate

1. Señala algunas de las principales razones por las que
   un jefe de tienda delega responsabilidades en los jefes
   de sección.
2. Explica la diferencia entre las tareas que se desarrollan
   en la trastienda o zona de servicio y las funciones que
   tienen lugar de cara al público.
3. ¿Cuáles son las ventajas de realizar una entrevista
   de grupo para cubrir vacantes de dependiente en
   un establecimiento minorista?
4. En tu opinión, ¿por qué la formación y el desarrollo
   profesional de los empleados del establecimiento
   son cruciales para el éxito del equipo de ventas?
5. En tu opinión, ¿cómo se ve afectado un
   establecimiento a causa del hurto por parte de sus
   empleados? ¿Y por el hurto externo?
6. ¿Cómo afecta a las tiendas físicas un sistema logístico
   deficiente entre proveedores y oficinas corporativas?

Ejercicios

Escoge una empresa minorista que comercialice indumentaria y accesorios de moda. Visita alguna de sus tiendas físicas, realiza los ejercicios que enumeramos más abajo y responde a las siguientes preguntas:

1. Date una vuelta por la tienda y anota las medidas para el control del inventario que se utilizan en la tienda. ¿Qué medida adicional recomendarías para esta tienda en concreto, como táctica para la prevención de pérdidas? ¿Cómo crees que serviría de ayuda al establecimiento?

2. Pregunta al encargado/a si puedes preguntarle acerca del sistema de formación para empleados nuevos y dependientes con experiencia que se aplica en la tienda. Intenta recabar información con relación a los métodos de formación y al éxito de estos, o bien a las mejoras que podrían implementarse en los métodos en vigor. Reflexiona sobre esta información y ofrece vías alternativas al equipo de gestión del establecimiento para que siga desarrollando su actual modelo o introduzca mejoras en él. Sé específico.

3. A través de Internet, busca alguna empresa que ofrezca servicios logísticos al comercio minorista. Una vez identificada, escoge una de las tres vías tratadas en este capítulo que permiten que un minorista crezca utilizando la logística y determina si, en la actualidad, el minorista elegido aplica alguno de estos procesos. De no ser así, ¿crees que la implementación del proceso elegido podría beneficiarle? Argumenta tu respuesta.

1

5

EL MERCHANDISING EN EL PUNTO DE VENTA

Uno de los máximos atractivos que una marca minorista puede ofrecer a sus consumidores es su estética visual, creada mediante una combinación de tácticas analíticas y creativas. Esto se consigue aplicando estrategias de merchandising que conectan los productos con los displays visuales y que incorporan atributos de la marca, facilitan la compra e implementan sistemas de circulación. Muchas de las tácticas de merchandising que se emplean en el punto de venta son propias del comercio minorista, aunque otras son normas estándares del sector, sugeridas por los especialistas en investigación del consumo y los sociólogos. En este capítulo examinaremos los diversos sistemas empleados en la zona de venta de un establecimiento, que diferencian a los diversos minoristas entre sí a través de la forma y la función, y proporcionan a los consumidores una experiencia de compra inolvidable.

1 CÓMO ATRAER A LOS CONSUMIDORES

Los minoristas atraen a los clientes hacia el interior de sus establecimientos mediante una potente representación expositiva de la marca. Los grandes almacenes como Liberty, situado en el West End londinense, lo logran creando displays a gran escala que pueden apreciarse desde múltiples niveles.

El merchandising en el punto de venta

El merchandising de moda es la faceta del sector minorista que combina el diseño, la fabricación, la gestión y las estrategias minoristas con el objetivo de ofrecer a los consumidores un producto o servicio, generando al mismo tiempo beneficios para la empresa. Ello comporta el conocimiento en profundidad tanto del negocio como de las tendencias en moda.

Para poner un producto o servicio a disposición del consumidor, quienes desarrollan su labor dentro de la disciplina del merchandising deberán llevar a cabo toda una serie de procesos. Comprador, merchandiser, planificador, especialista en asignación de producto y visual merchandiser son algunas de las profesiones más habituales dedicadas a la compra de productos acabados, establecimiento de precios, distribución del producto y correcta exhibición de este, tanto en los establecimientos físicos como en las tiendas en línea. Cada una de estas funciones corporativas aporta su esfuerzo para garantizar que los equipos del punto de venta cuenten con un producto (y con los correspondientes conocimientos sobre él) tan actual como requiera su tienda y su perfil demográfico de cliente, sin dejar de lado las tendencias vigentes en el mercado. Los equipos del punto de venta traducen y ejecutan los criterios corporativos, esforzándose para que los espacios de venta de múltiples establecimientos sean coherentes, y conjugan estilo, tendencias y análisis empresariales para crear un entorno de compra propicio para los consumidores.

UNA MIRADA A LOS ROLES DEL MERCHANDISING CORPORATIVO

Los merchandisers corporativos realizan multitud de funciones y trabajan con otros profesionales para garantizar que tanto las tiendas físicas como los sitios de comercio electrónico tengan los productos más adecuados en *stock*. Cuanto más grande sea una empresa minorista, más necesario será delimitar las funciones dentro de su departamento de merchandising.

× **Compradores:** trabajan con los equipos de merchandising y de diseño para garantizar que el mix de mercancía sea consistente, mediante la búsqueda de materiales y el desarrollo de productos.
× **Planificadores:** analizan el rendimiento de las existencias en los puntos de venta, formulan las promociones y las estrategias de descuento de precios, y gestionan las estrategias de salida para el *stock* muerto.
× **Especialistas en asignación de producto:** mantienen los niveles de existencias en tienda, e intentan incrementar la venta final del producto basándose en las tendencias de ventas y de merchandising.

"El mercado es como un lenguaje, y hay que ser capaz de entender lo que nos dice."

Jil Sander, diseñadora de moda

EL DEPARTAMENTO DE MERCHANDISING

MERCHANDISING/ COMPRAS

Crea la colección de temporada

Busca los materiales y/o productos

Supervisa el total de unidades y los niveles de *stock*

Define los márgenes de beneficio del producto

PLANIFICACIÓN

Define el mix de producto para cada tienda

Crea profundidad de *stock* en cada tienda

Supervisa la arquitectura de precios, las promociones y los descuentos

TIENDAS MINORISTAS

ASIGNACIÓN

Supervisa la distribución de existencias

Mantiene la rotación de existencias y la densidad de ventas en tienda

Pone en marcha las transferencias de *stock* entre tiendas

VISUAL MERCHANDISING

Posiciona y da visibilidad a la marca

Supervisa los displays y el cumplimiento de los estándares visuales de la empresa

Promociona el producto mediante su exhibición

2 EL FUNCIONAMIENTO DEL DEPARTAMENTO DE MERCHANDISING

Cada división del departamento de merchandising tiene un papel crucial para que los artículos lleguen al punto de venta y se presenten de manera que el consumidor se identifique con ellos. Sus tareas van desde determinar el mix de mercancía hasta establecer los precios, pasando por el embalaje, el envío y, a la postre, la presentación visual de los productos en la zona de venta de la tienda.

2

El merchandising en el punto de venta

La zona de venta de un establecimiento es donde se produce la faceta más apasionante del comercio minorista, desde el momento en que entramos en la tienda y comenzamos a deambular por su interior, del escaparate a las diversas secciones de la tienda, los mostradores de caja y los probadores. Es aquí donde los equipos de tienda demuestran su valía, trabajando codo con codo para ofrecer una experiencia de compra que resulte visualmente estimulante y se oriente al consumidor.

Hay diversas áreas de la zona de venta que se consideran puntos calientes por lo que se refiere al tráfico (¡y también a los hurtos!), por lo que cuentan con un mayor número de dependientes asignados a ellas. Estas zonas calientes suelen estar abastecidas con gran cantidad de mercancía, focalizadas en torno a potentes displays visuales, y actúan como puntos de transición en la zona de venta.

Secciones de la tienda

Cuando los establecimientos distribuyen a sus empleados por secciones, los colocan en zonas estratégicas de la tienda para facilitar la circulación de personas, disuadir a los posibles ladrones o ayudar a los clientes en su experiencia de compra. Habitualmente, los minoristas distribuyen a sus empleados en función de las secciones clave del establecimiento (designadas por los equipos corporativos de merchandising), que diferencian el producto según la disposición de este, basada en el color, el modelo, el tipo de confección, etcétera. Los dependientes también pueden distribuirse por secciones según las necesidades de la tienda, en función de lo que decida el equipo de gestión. Algunas de las secciones que podemos observar en los establecimientos físicos son:

× La zona de entrada, donde los consumidores entran en contacto con el entorno de la tienda. En ocasiones, un dependiente se sitúa en esta zona para dar la bienvenida a los clientes que entran en el establecimiento.

× Las zonas de transición: son áreas de la zona de venta que introducen un nuevo concepto, display o producto. Los establecimientos con mayor superficie de ventas suelen presentar dos o tres zonas de transición, que acostumbran a estar indicadas por cambios en el tipo de producto, los modelos, el colorido, etcétera. Así, por ejemplo, puede darse una zona de transición entre los productos a precio completo y la sección de rebajas, o entre la zona de ropa vaquera y la sección de calzado y accesorios.

× Los probadores: son áreas designadas para que el cliente se pruebe los artículos. Suelen situarse en la parte posterior de la tienda, cerca de los accesos a la trastienda, o junto a la sección de zapatería, lo que permite que los acompañantes esperen sentados a que sus familiares o amigos salgan del probador.

× Los mostradores de caja: son áreas donde se realiza el cierre de la venta. En ellas, los consumidores pueden adquirir artículos de compra rápida y promociones, y suelen equiparse con elementos que ayudan a los clientes a formar hileras para esperar en cola. Los dependientes que se ocupan de las cajas registradoras suelen destinarse permanentemente a esta zona de la tienda.

Cada minorista designará estas zonas según la información proporcionada por la oficina central, de forma que se ajusten a las necesidades de la tienda. Normalmente, los dependientes asignados a un área concreta se encargan de atender a los clientes a la vez que reponen *stock* o mantienen el criterio de visual merchandising establecido para la tienda.

3.4 EL MANTENIMIENTO DE LAS SECCIONES

Los equipos de gestión programan diariamente turnos de descanso, asignando dependientes a las distintas secciones en función de su disponibilidad y de su capacidad para realizar determinadas tareas. Así, un dependiente con interés por el visual merchandising puede ser asignado a una sección cuyos displays deban renovarse o actualizarse; esto permitirá al dependiente atender a los clientes en la sección asignada mientras ejecuta diversos criterios visuales.

4

El merchandising y el visual merchandising

Cuando hablamos de las iniciativas que los establecimientos minoristas ponen en marcha en la zona de venta, es importante diferenciar entre merchandising y visual merchandising y, específicamente, entre las funciones del merchandiser y las del visual merchandiser. Aunque ambos cargos conllevan responsabilidades profesionales similares, cada uno desarrolla una labor específica que resulta crucial para el éxito del punto de venta.

Muchas veces, los términos "merchandiser" y "visual merchandiser" se utilizan indistintamente, asumiendo que "merchandiser" es, simplemente, una versión abreviada de "visual merchandiser". Sin embargo, ambas profesiones difieren, por lo que deben definirse para no confundir a los potenciales candidatos que deseen optar a estos puestos de trabajo.

5

El merchandising

Como ya hemos comentado en este capítulo, el merchandising combina estrategias de compra, producción, gestión y venta minorista. Para ello, los merchandisers deben poseer un buen olfato para las tendencias y una amplia formación en aspectos empresariales. El puesto de merchandiser entraña una serie de responsabilidades profesionales, como por ejemplo:

× Informar del crecimiento que puede experimentar el negocio minorista mediante la extensión de marca y de líneas.
× Garantizar un equilibrio óptimo de las ventas de temporada dentro de su departamento.
× Desarrollar el surtido de marca junto a los equipos de compras y de diseño.
× Trabajar con los especialistas en asignación de producto y los planificadores para garantizar que se satisfagan las necesidades de producto de las tiendas.
× Crear estrategias de establecimiento de precios para cada temporada.
× Trabajar en coordinación con el equipo creativo para garantizar la adecuada implementación de los elementos visuales con vistas a incrementar las ventas.

Como hemos comentado, la principal responsabilidad del merchandiser es realizar el análisis financiero de las compras de temporada, asegurándose de que los productos posean el mayor potencial posible para generar beneficio. Para ello, los merchandisers trabajan en coordinación con los equipos visuales en la exhibición estratégica del producto en los puntos de venta, a través de la disposición visual de artículos y displays.

La principal responsabilidad del merchandiser es realizar el análisis financiero de las compras de temporada, asegurándose de que los productos posean el mayor potencial posible para generar beneficio.

6

5-7 DE LA OFICINA CENTRAL A LA ZONA DE VENTA

Los equipos corporativos de merchandising trabajan mano a mano para poner en la tienda artículos de temporada, considerando el surtido general de producto, las tendencias en moda (y los hábitos de compra) y las necesidades del consumidor. Una vez se ha establecido el surtido para cada tienda, los artículos se envían a los puntos de venta acompañados de instrucciones de los equipos visuales corporativos referentes a la correcta colocación del producto, las estrategias de marketing y los displays de las compras de temporada.

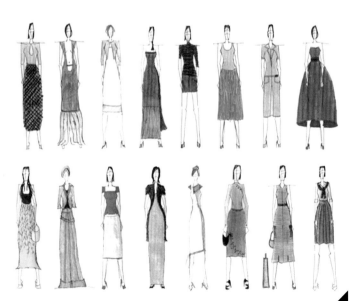

7

El merchandising y el visual merchandising

El visual merchandising

El visual merchandising consiste en la colocación y presentación de los artículos utilizando una estrategia visual que transmita la imagen de marca y anime a los clientes a comprar mediante el uso de un tipo de marketing que produzca estímulos sensoriales. El arte del visual merchandising realza visualmente el mix de mercancía que establece la empresa; la ausencia de este elemento puede hacer que decaiga el interés del cliente por el producto o la marca, redirigiéndole hacia los competidores que hayan invertido en el desarrollo y la ejecución de sus estrategias visuales.

El merchandising visual de los establecimientos minoristas puede facilitar o dificultar la consecución de los objetivos de ventas de esa temporada; por ello, todos los miembros del equipo deben dedicar tiempo y esfuerzo a su puesta en escena y mantenimiento. Los equipos de las diversas secciones deben seguir las directrices marcadas por jefe de tienda o el visual manager y por la oficina central, para garantizar que se mantenga la consistencia de la marca.

Antes de que el producto llegue al punto de venta, los visual merchandisers de la oficina central trabajan con los equipos de compras y merchandising para elaborar fichas que incluyan información sobre las líneas que forman el mix de producto de la próxima temporada. Las semanas dedicadas a la planificación y presentación de ideas e inspiración a los equipos corporativos marcan el inicio del proceso de definición de un concepto específico para la configuración de la zona de venta, a la que se dará forma en la tienda modelo o en alguno de los establecimientos sobre el terreno.

Antes de que esto suceda, los merchandisers comunican a los equipos visuales qué surtido de productos debe presentarse en alguna zona específica (o destacada) de la tienda, basándose en los siguientes criterios:

× El potencial del producto para alcanzar un mayor margen de beneficio.
× Los grandes volúmenes de compra de temporada en determinados artículos.
× Los cambios en las tendencias o en la demanda del consumidor.
× La introducción en el mercado de una marca o modelo.
× Las promociones de temporada.
× La necesidad de dar salida al *stock* muerto.

Determinar dónde se colocará el producto dentro de la zona de venta es una decisión crucial que es mejor compartir entre la oficina central y los equipos del punto de venta; esta colaboración garantizará que la presentación de ese producto se dirija al público objetivo específico del punto de venta.

"El visual merchandising es una disciplina indispensable para el comercio minorista, ya que engloba una serie de herramientas prácticas para la venta que se utilizan para influir en el tipo de artículos y en las cantidades que compran los consumidores."

Karl McKeever, fundador y director de marca de Visual Thinking

MATRIZ DE INDICADORES CLAVE DE RENDIMIENTO DEL VISUAL MERCHANDISING

Interiorismo del establecimiento

Planificación del espacio

Circulación de consumidores

Mobiliario, elementos expositores y equipamiento

Zona comercial

Perfil demográfico del consumidor

Público objetivo

Segmentación de mercado

LOCALIZACIÓN

DEMOGRAFÍA

VISUAL MERCHANDISING

EMPRESA

MARCA

Servicio al cliente

Presentaciones en displays visuales

Análisis empresarial

Surtido de productos

Representación de marca

Promociones de ventas

Marketing/Publicidad

Gestión de marca

8 LA DEFINICIÓN DEL ROL DEL VISUAL MERCHANDISING

El visual merchandising contempla diversos factores como indicadores clave de rendimiento, que pueden analizarse mediante métodos cualitativos y cuantitativos. Identificar los éxitos y las oportunidades dentro de cada cuadrante permitirá que los establecimientos cumplan e incluso sobrepasen los objetivos de ventas previstos.

8

La gestión de merchandising en el entorno de venta

Las tiendas trabajan para crear una identidad de marca cohesionada que resuene en los consumidores y los invite a volver cada temporada. La gerencia del establecimiento se encarga de contratar a los equipos que trabajarán en ella, quienes contribuirán a reconfigurar la zona de venta durante la transición entre temporadas, trabajando con gran dedicación (a menudo durante largas jornadas) para cumplir con el plan visual marcado por la empresa.

Bajo la supervisión del visual manager, todos los miembros del equipo se formarán en los estándares visuales de la compañía y en el surtido de productos para esa temporada, y recibirán información clave sobre el producto que deberán transmitir a los consumidores. Incluso después de completar la configuración de la zona de ventas para la temporada, los equipos del punto de venta seguirán implementando los nuevos parámetros estéticos, manteniendo diariamente los niveles de existencias, renovando los displays y manteniendo el establecimiento limpio y atractivo, tanto para los clientes existentes como para los nuevos consumidores.

La función del visual merchandiser

El visual merchandiser, también conocido como store merchandiser, sigue una rutina cotidiana bastante estricta, de la cual solo se desvía si debe responder a necesidades concretas del negocio. Desde el momento en que llegan al establecimiento cada mañana hasta completar su turno, estos expertos en presentación visual dividen su atención entre la zona de venta y los informes de ventas generados por el establecimiento, y los utilizan ambos para crear un entorno que resulte accesible para el cliente y que represente la identidad global de marca visualmente.

9.10 LA ATENCIÓN AL DETALLE EN TODOS LOS ÁMBITOS

Los visual manager deben cerciorarse de que la marca esté representada de manera uniforme en toda la zona de venta, así como en los escaparates de la tienda. La atención por el detalle es una aptitud fundamental a la hora de crear el entorno de compra perfecto para los consumidores.

9

La persona al cargo de este departamento debe poseer buen ojo para los temas visuales y un agudo sentido comercial que le permitan crear innovadores displays de producto y transmitir al jefe de tienda y a las oficinas centrales cómo estos displays y la disposición de los productos repercutirán de manera positiva en el volumen de negocio generado por el establecimiento. Generalmente, si el display o la colocación del producto no alcanzan los objetivos de ventas esperados, el merchandiser los revisará para recuperar parte de la oportunidad de negocio perdida.

Además de la colocación del producto y de la creación de displays visuales, el store merchandiser también es responsable de:

× Gestionar los cambios en la zona de venta según la temporada.
× Garantizar que la imagen y la cultura empresarial de la compañía se vean representadas en el punto de venta.
× Trasladar las directrices visuales corporativas al establecimiento a través de los displays pertinentes y de la colocación del producto.

× Formar y desarrollar a los empleados en los criterios de visual merchandising de la compañía.
× Analizar los requisitos de negocio de la tienda según los informes de ventas corporativos.
× Supervisar las iniciativas de marketing y publicidad de la empresa y de sus marcas en el punto de venta.
× Evitar la pérdida de existencias a través del emplazamiento del producto, los displays visuales y las auditorías de almacén.

Los equipos visuales de un establecimiento tienen una enorme cantidad de tareas que realizar durante jornadas laborales que siempre se hacen cortas, por lo que la excelencia en la gestión del tiempo y el seguimiento son aptitudes cruciales para el desempeño de esta función.

10

La gestión de merchandising en el entorno de venta

Las áreas reservadas para el equipo visual

Los establecimientos suelen contar con áreas en las que el equipo visual puede almacenar mobiliario, elementos expositores, equipamiento, materiales de marketing, etcétera. Estas áreas deben mantenerse siempre limpias y ordenadas para que estos efectos, propiedad del establecimiento, no sufran daños. Los maniquíes, por ejemplo, representan una costosa inversión para las tiendas; un manejo o almacenaje incorrectos pueden inutilizarlos, y no siempre pueden reemplazarse. Los materiales de marketing resultan costosos de imprimir, por lo que deben manejarse y almacenarse en zonas donde no se encorven ni se rasguen debido a la humedad o a un manejo incorrecto.

Las instalaciones que se dedican a elementos visuales deben mantenerse organizadas, en particular durante los períodos de transición entre temporadas y cuando sea necesario utilizar estos elementos pero el visual manager no esté presente para dirigir al personal. Mantener el material de marketing a salvo, los maniquíes apilados o embalados y en orden (cuando no se estén utilizando), y los accesorios correctamente almacenados garantiza su longevidad y permitirá utilizarlos temporada tras temporada.

11 ELEMENTOS EXPOSITORES
Y DE ATREZO

Las empresas minoristas dedican gran parte de su tiempo a planificar displays visuales y aún más dinero en producirlos. Mantener estos elementos bien almacenados cuando no se estén utilizando los mantendrá limpios y a salvo de posibles daños, lo que permitirá su uso futuro. Es lamentable ver a un minorista que utiliza elementos de atrezo que se han manejado de manera incorrecta, ya que en estos detalles suelen fijarse los clientes.

LA RUTINA DIARIA

Abajo detallamos la rutina diaria que siguen la mayoría de los visual manager de moda pronta, basada en una jornada laboral de ocho horas:

6:00 -10:00: El visual manager llega a la tienda. Revisa la correspondencia que enviaron los equipos de cierre y la oficina central. Recorre la zona de venta para evaluar la cantidad de existencias y los posibles problemas visuales centrándose en los escaparates, las mesas expositoras y los displays de estantería. Visita el almacén para evaluar el exceso de *stock* o las necesidades de reposición de producto. Participa en la reunión matutina del personal de ventas y ayuda a los equipos de gestión a preparar el establecimiento para su apertura al público.

10:00- 14:00: El visual manager realiza cambios visuales no invasivos en la zona de ventas, prestando atención a los requisitos específicos de cada departamento y de la dirección corporativa. Elabora directivas para la recolocación de las existencias y revisa los informes de ventas para cerciorarse de que la rotación del producto en la zona de ventas genere beneficio. Si es necesario, el visual manager colaborará en la formación de los dependientes por lo que se refiere a los estándares visuales.

14:00-15:00: El visual merchandiser recorre la zona de venta para solucionar problemas visuales puntuales, especialmente en los escaparates. Si es necesario, redactará correspondencia para los equipos de cierre y la oficina corporativa, y anotará las tareas pendientes que no se hayan completado.

La gestión de merchandising en el entorno de venta

La circulación de los consumidores

La forma en que los clientes deambulan por la zona de ventas se conoce como circulación (o patrón de circulación) del consumidor y es uno de los factores que tener en cuenta a la hora de disponer los elementos expositores en la zona de venta para esa temporada. Los clientes se sienten atraídos hacia áreas específicas del establecimiento debido al producto, los elementos visuales o las necesidades de servicio, por lo que una zona de venta que impida la circulación fluida (como sucede en cualquier calle transitada) hará que los clientes desistan de comprar y se sientan frustrados e insatisfechos, sin ganas de volver al establecimiento. Por tanto, los equipos del punto de venta deben evaluar cada temporada el volumen de tráfico de consumidores de su establecimiento, asegurándose de que las vías de paso sean directas y de fácil acceso para todos.

Áreas como los mostradores de caja, los probadores y las zonas de transición entre secciones suelen concentrar la mayor densidad de tráfico, por lo que se les debe asignar espacio más amplio, que permita la circulación de los consumidores. Dejar un espacio más que suficiente para que los consumidores curioseen es una de las estrategias minoristas empleadas por los visual merchandiser, ya que ofrece más oportunidades de captar ventas; pensemos que, si fuésemos de compras a nuestra tienda favorita, nos gustaría tener espacio para desplegar una camisa y comprobar hasta dónde llega el estampado o colocar unos vaqueros encima de nuestras piernas para comprobar el largo de la pernera.

Los equipos visuales que sean conscientes del concepto de proxemia y de la necesidad de dar espacio al consumidor colocarán los expositores de manera óptima en su zona de ventas, basándose en el perfil demográfico (y cultural) del consumidor al que se dirija el producto.

La accesibilidad

Otro problema que debe resolver el equipo visual es la accesibilidad del producto. Los compradores que deban estirarse para alcanzar algún producto suelen desistir y optan por otro producto que esté a su alcance. A menudo, los minoristas colocan determinados artículos en las estanterías y colgadores más altos, pero esto no impide que los consumidores intenten alcanzarlos. Esto puede suponer un peligro si el producto se coloca a mucha (o, en ocasiones, a escasa) altura y los consumidores intentan alcanzarlo, por lo que el producto comercializable suele colocarse a una altura de entre cincuenta y ciento ochenta centímetros desde el suelo.

Aunque existen diversas leyes que obligan a las empresas minoristas a reservar un espacio determinado entre expositores y accesorios para permitir la libre circulación de personas con movilidad reducida, algunos establecimientos exceden los límites y colocan en la zona de venta tantos expositores y colgadores como pueden. Por regla general, es conveniente dejar un espacio mínimo de un metro y siete centímetros entre expositores, para permitir el acceso a las personas con movilidad reducida. Ofrecer una zona de ventas accesible para todos los consumidores mejora las posibilidades de compra del producto, lo que incrementará las ventas y fidelizará a los clientes.

12 VÍAS DE CIRCULACIÓN TÍPICAS

Tres de los patrones de circulación del consumidor más comunes en el comercio minorista son la planta en línea recta, la planta en diagonal y la planta de libre disposición. Cada uno presenta ventajas e inconvenientes, y dependerá de los equipos visuales determinar cuál funciona con sus clientes y se adapta mejor al interiorismo del establecimiento.

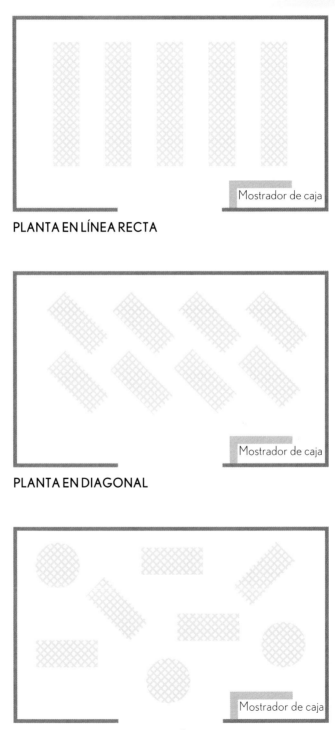

Mostrador de caja

PLANTA EN LÍNEA RECTA

Mostrador de caja

PLANTA EN DIAGONAL

Mostrador de caja

PLANTA DE LIBRE DISPOSICIÓN

12

La gestión de merchandising en el entorno de venta

La configuración de la zona de venta

La mayor responsabilidad de un visual manager es realizar los cambios en la zona de venta que se producen cada temporada. Los planogramas, o guías visuales de temporada, que facilitan las oficinas centrales proporcionan a los equipos del punto de venta una descripción visual detallada de la disposición ideal de los elementos en la tienda para esa temporada, sin tener en cuenta restricciones presupuestarias. Los equipos del punto de venta deben trasladar esta directriz corporativa a la planta y los muros de su establecimiento en función de los expositores, los productos, los elementos de display y el presupuesto del que dispongan.

Al recibir el planograma, el visual manager comienza a revisar e interpretar el contenido del mismo, tomando nota de aquellos productos y elementos de display que no se recibirán en ese establecimiento. Trabajando con los equipos de merchandising de las oficinas centrales, el visual manager recibirá un desglose de productos y fechas de entrega previstas para su tienda, lo que le permitirá realizar una planificación eficiente de la rotación de productos y displays en la zona de venta.

Comenzando por los escaparates, el equipo visual trabajará desde la fachada hacia la trastienda, trasladará en primer lugar los elementos expositores y después los productos, e incorporará los elementos de display a medida que avancen. Esto permite que los consumidores puedan seguir comprando y accediendo al producto con facilidad, ya que proporciona un entorno de compra no intrusivo mientras se realiza la transición entre temporadas.

Cuando se completa la configuración de la zona de venta, los equipos visuales fotografían los resultados y los archivan como referencia para futuras configuraciones. A menudo, la oficina central pide que le envíen fotografías que muestren el proceso, la nueva configuración (una vez acabada) y un resumen sobre cómo las decisiones tomadas han repercutido positivamente en el negocio.

13   LA CONFIGURACIÓN DE LA ZONA DE VENTAS

Los visual merchandiser suelen tener en cuenta el aspecto que presentará el establecimiento tanto en horario de apertura al público como en horas de cierre, cuando los consumidores contemplen el interior del mismo desde la calle. La iluminación es un factor clave para garantizar que los displays estén bien iluminados e impacten en el espectador.

"Si los ojos son la ventana del alma, los escaparates son también reveladores, ya que reflejan el alma del establecimiento."

Debra Templar, fundadora del Templar Group

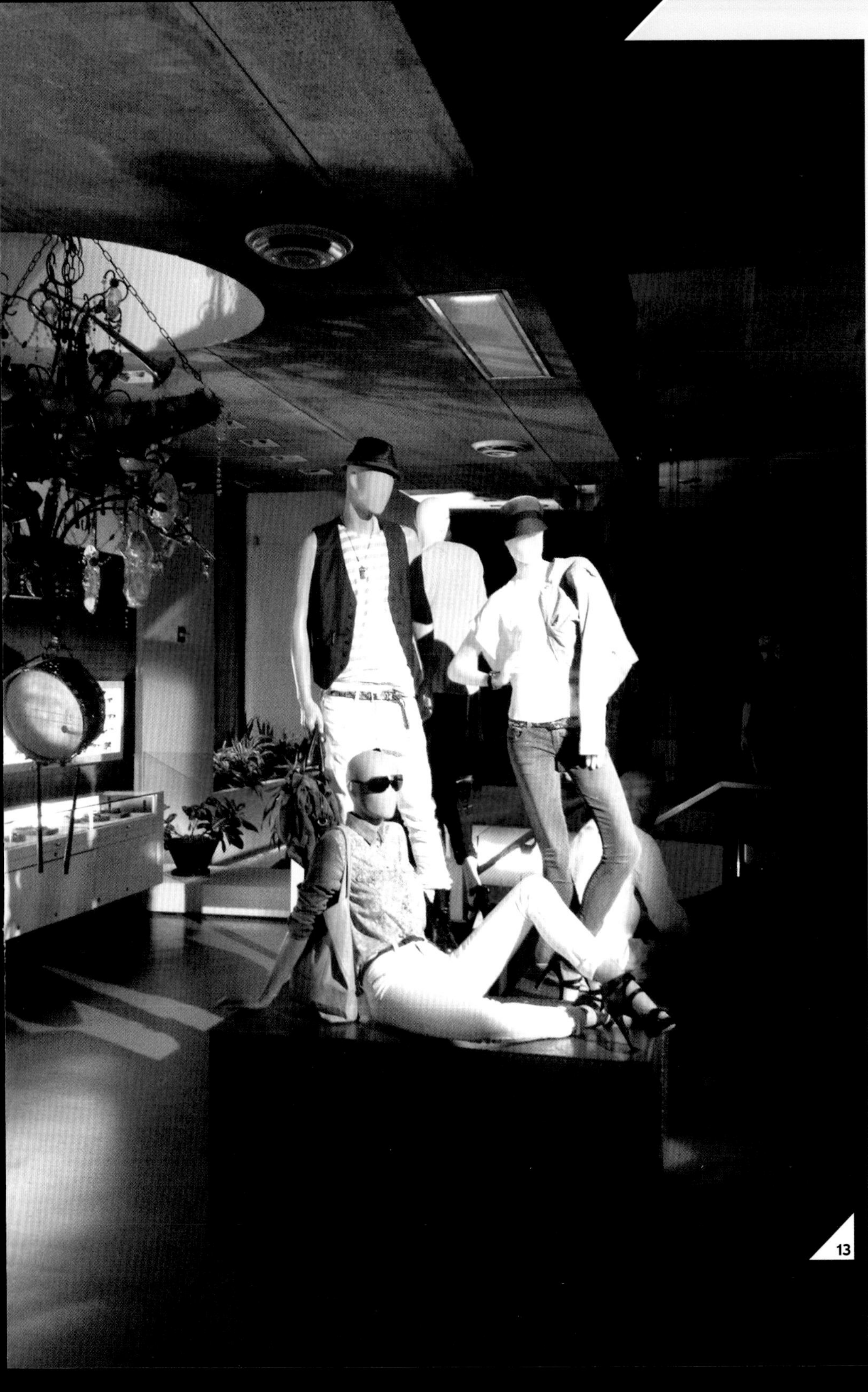

13

Entrevista: Alfonso Paradinas, merchandiser

//

HITOS DE SU CURRÍCULUM

1990-1995

Asiste a la Universidad Autónoma de Madrid (España), donde cursa Administración de Empresas, centrándose en las finanzas internacionales.

1997-2002

Trabaja en ventas al por mayor para Hugo Boss España, como jefe de ventas de la marca para el territorio nacional.

2002-2004

Trabaja desde Nueva York para la marca española de calzado Camper, como ejecutivo de cuentas para el mercado estadounidense. De ahí, pasa a trabajar para Custo Barcelona como jefe de ventas nacional.

2004-2007

Pone en marcha Venga LLC para representar en el mercado estadounidense a marcas europeas de prestigio, como Cool Hunting People, Sequoia y Erva.

2007-2012

Trabaja como director de merchandising corporativo en Nueva York para el departamento de calzado masculino y femenino de Polo Ralph Lauren. Director de merchandising para Europa del departamento de ropa masculina.

2012 - ACTUALIDAD

Funda D·Caged Footwear, una marca de calzado informal masculino y femenino, y trabaja como agente de desarrollo para diseñadores de calzado norteamericanos.

//

14 LA MODA EN EL CALZADO

El calzado de D·Caged posee una elegancia informal que lo convierte en el producto perfecto para el individuo al que le gustan las prendas básicas y los accesorios vanguardistas.

D·Caged

Home   Shop   About Us   DCaged2GiveBack   Collection ⌄   Contact

🛒 0 items

Entrevista: Alfonso Paradinas, merchandiser

P ¿Qué diferencias existen entre el merchandising para calzado y para indumentaria?

R Su fundamento básico y sus objetivos son los mismos, es decir, generar un mercado de productos relevantes que respeten la filosofía de la empresa. Una de las principales diferencias es que, cuando aplicas el merchandising a la indumentaria, piensas en cada categoría de producto como integrante de un look total de marca, como si fuesen a presentarse de manera conjunta.

En el campo del calzado, sin embargo, hay que desarrollar un producto que esté en sintonía con la marca en su conjunto pero sin olvidar u omitir lo que estén haciendo tus competidores, porque es probable que el producto mejor representado acabe siendo el calzado, es decir, contará con un espacio de ventas dedicado al mismo, en vez de comercializarse junto a otros artículos de ropa de la marca.

Otra de las diferencias está relacionada con el proceso de fabricación del calzado, cuyos moldes y hormas conllevan costes elevados. Esta restricción hace que el merchandiser deba planificar gran parte de la línea basándose en aquellos productos que deberán amortizarse desde el punto de vista de su fabricación. A veces te gustaría asignar más espacio creativo a los diseñadores, pero esto no siempre es realista desde la perspectiva de los márgenes de beneficio. Finalmente, optas por trabajar con combinaciones de diferentes materiales e introducir ligeras modificaciones en la fabricación, para conferir frescura al producto y crear un look diferente sin incurrir en costes elevados.

P ¿Cómo te ayudaron tus empleos previos en el campo de las ventas a nivel nacional e internacional para convertirte en director de merchandising corporativo de Polo Ralph Lauren?

R Para gestionar el merchandising de una gran corporación es necesario contar con una sólida formación empresarial; por ello, mis anteriores empleos en el ámbito de la venta me ayudaron a comprender qué hace reaccionar al consumidor y al mercado. Como merchandiser, trabajas en estrecha colaboración con el departamento de diseño para crear un producto que refleje fielmente el ADN de la marca pero que también resulte relevante en el mercado a la hora de alcanzar cifras de ventas.

"La relación entre el comprador y el merchandiser es esencial para añadir relevancia al producto".

P **Cuando decidiste poner en marcha D·Caged, ¿en qué mercado de consumo pensaste que resultaría más fácil penetrar? ¿En el estadounidense o en el europeo?**

R Por lo general, los mercados europeos suelen estar más ávidos de nuevas marcas, ya que cuentan con un gran número de boutiques multimarca que configuran su espacio a su gusto y que siempre buscan novedades. El mercado estadounidense, dominado por los grandes almacenes, es más lento a la hora de abrir sus puertas a las nuevas marcas; por otra parte, cuando este mercado se asocia con algún diseñador, su potencial de crecimiento es más alto que en Europa. Ambos mercados representan una gran oportunidad para cualquier marca, aunque sus enfoques sean completamente diferentes.

P **¿Cómo crees que se desarrollarán las relaciones entre diseñadores, compradores y merchandiser en D·Caged?**

R Cuanto más fuerte sea el vínculo entre el diseño y el merchandising, mayor será el potencial para desarrollar una empresa sólida y una integridad de marca. Aunque las marcas necesitan una visión, no existe un único camino para alcanzarla. Las relaciones entre el comprador y el merchandiser son esenciales para añadir relevancia al producto. En mi opinión, es necesario que entre estas tres partes se produzca un debate continuo en torno al branding que permita reinterpretar la visión original y evitar el estancamiento.

P **Mientras trabajaste como merchandiser, ¿qué diferencias identificaste entre el mercado estadounidense y el europeo?**

R En el mercado estadounidense, la rotación de producto es más elevada y se aplican descuentos sobre el precio con mayor rapidez que en Europa. Esto significa que se vende un producto más barato con un margen más bajo, pero también que se alcanzan volúmenes de venta mayores.

A la hora de trabajar las colecciones desde el punto de vista del merchandising, se desarrollan productos de gama más alta para las líneas destinadas a Europa. Al haber menos mercancía en las tiendas, la presentación del producto en Europa es más nítida, por lo que el mensaje de marca es más fácil de transmitir.

Caso práctico: Gap

Gap, uno de los más icónicos minoristas de moda de la actualidad, lleva más de cuarenta años ofreciendo a sus clientes la quintaesencia del look norteamericano en forma de prendas básicas de moda, como los vaqueros, las camisetas y la camisería, dirigidas a familias de todo el planeta. En continua expansión, esta compañía no solo introduce la marca en nuevos mercados internacionales sino que inculca su particular campaña, fuertemente enraizada en la responsabilidad social, en quienes se incorporan para contribuir a su crecimiento.

Cualquier empresa minorista que haya conseguido llevar su marca hasta el nivel alcanzado por Gap en menos de cincuenta años debería ser digna de mención. Gap se lanzó al mercado en 1969 en San Francisco (California) por la pareja de emprendedores Donald y Doris Fisher, quienes comenzaron su asociación empresarial vendiendo vaqueros Levi's y música. El nombre de Gap se inspira en el término *generation gap*, que hace referencia a la brecha generacional que se produjo en la década de 1970; tras hacerse un hueco en el mercado minorista en menos de un lustro, comenzaron a producir su propia marca genérica, utilizando el mismo nombre que su establecimiento. Gap fue relanzado al mercado como el minorista estadounidense por excelencia de prendas básicas de moda, ofreciendo un amplio surtido de ropa y accesorios, tanto masculinos como femeninos. En la actualidad, Gap ha ampliado sus líneas para incluir no solo ropa y accesorios, sino también artículos especializados, como ropa infantil y productos para el cuidado personal.

15

La reintroducción del vaquero 1969

Gap es célebre por sus prendas vaqueras de estilo norteamericano; su único rival, en lo que a surtido y estilo se refiere, es Levi's. Gap supo ver la demanda existente en el mercado por unos vaqueros de primera clase y a la moda que no compitiesen en términos de precio con las gamas altas del mercado. Para ello, Gap relanzó al mercado la línea 1969 de vaqueros, presente en las tiendas Gap en secciones dedicadas a la misma, para darla a conocer entre aquellos clientes ajenos a los orígenes de la marca. La inversión realizada en un estudio de diseño en Los Ángeles (California) ha permitido que diseñadores, músicos, líderes empresariales y, lo más importante, admiradores de la marca, colaboren en la recuperación de este producto. A la web principal se añadió un sitio web dedicado a la línea 1969 para redirigir rápidamente a los consumidores hacia este producto de gran demanda; asimismo, se abrieron tiendas físicas en Los Ángeles, Chicago y Nueva York dedicadas a esta línea de producto que también incorporaba piezas vanguardistas provenientes de las colecciones de temporada de Gap.

15 BLOQUES DE COLOR

Gap es famosa por utilizar una técnica de merchandising consistente en presentar los artículos en la zona de venta formando bloques de color.

"Dada la gran fragmentación que muestra el sector de la indumentaria, resulta rentable presentarse en el mercado con marcas diferentes, únicas y múltiples a través de diferentes canales orientados hacia diversos territorios."

Glenn Murphy, presidente y director general de Gap Inc.

Caso práctico: Gap

Campañas socialmente responsables

Una de las mayores contribuciones que una empresa minorista puede ofrecer a su público es ser una compañía socialmente responsable (y transparente) que trabaja con los integrantes de la cadena de abastecimiento en la creación de un sistema unificado de prácticas minoristas responsables. Al ser una de las mayores empresas minoristas del mundo, Gap tiene un papel líder por lo que se refiere a iniciativas de responsabilidad social corporativa, que se convertirán en un ejemplo a seguir por aquellas compañías minoristas de reciente creación que quieran dejar huella en el sector.

Como socio global de la campaña Red (organización dedicada a la lucha contra la propagación del sida entre las comunidades africanas), Gap ha contribuido a la causa comercializando en sus tiendas físicas y electrónicas productos específicamente desarrollados para la campaña. Mediante acciones de marca compartida con la marca de la franquicia (PRODUCT) RED, Gap ha contribuido a recaudar millones de dólares para la campaña, donando la mitad de los beneficios generados por la venta de estos productos. Desgraciadamente, apareció la controversia cuando los medios de comunicación juzgaron la efectividad de esta campaña de marca compartida, preguntándose si los fondos generados superaban el elevado coste de las iniciativas de marketing. La campaña, al menos, sirvió para concienciar al público sobre la magnitud de la epidemia.

"Para mí, gestionar un establecimiento y dirigir un negocio es como jugar a un juego. Y, ¿qué es lo que más deseas cuando juegas? Ganar."

Don Fisher, cofundador de Gap Inc.

Durante los años anteriores a la puesta en marcha de la campaña (PRODUCT) RED, Gap ha prestado apoyo a comunidades dentro de Estados Unidos y en países donde se encuentran sus proveedores. Hace poco puso en marcha la web We Are Committed (www.wearecommitted.com), que permite a sus accionistas conocer en detalle sus iniciativas de responsabilidad social corporativa.

La página de We Are Committed actúa como blog para el departamento de responsabilidad social corporativa de la empresa, que da trabajo a más de setenta personas dedicadas a solventar aquellos problemas del sector minorista que atañen de manera directa a fábricas, agencias no gubernamentales y socios empresariales. Gap es una empresa reconocida a nivel nacional por su dedicación a la ética y a la sostenibilidad que, es de esperar, alcanzará el mismo reconocimiento a nivel internacional a medida que su marca siga creciendo por el mundo entero.

16 LA DISPOSICIÓN DE LOS LINEALES

En una variación de la planta en línea recta, Gap crea áreas nicho para sus consumidores, con lo cual facilita la compra mediante expositores y colgadores de pared.

16

Resumen del capítulo 5

El merchandising del punto de venta es un aspecto del sector minorista que debe integrar arte y ciencia, en un intento por captar al público objetivo mediante una colocación estratégica del producto y unos atributos visuales que despierten emociones. Mientras que el merchandising es una disciplina dedicada al desarrollo, análisis, planificación y asignación del producto, el componente visual del departamento de merchandising se centra en la representación visual de la marca mediante el uso de elementos de atrezo y display, imágenes de marketing y expositores. Los integrantes del equipo de merchandising de la tienda trabajan para ofrecer a los consumidores un entorno visual atractivo, que satisfaga sus sentidos y los incite a comprar cada temporada.

Preguntas y temas de debate

1. Define la expresión "merchandising de moda". ¿Por qué es importante integrar las tendencias empresariales y las tendencias de moda?
2. ¿Qué ayuda prestan los departamentos de planificación y asignación de producto a los equipos corporativos y a los equipos del punto de venta?
3. Explica la diferencia entre merchandising y visual merchandising.
4. Define alguna de las responsabilidades del visual merchandiser en el ámbito visual y en el ámbito empresarial.
5. ¿Crees que para un visual merchandiser es importante contar con una sólida formación en temas empresariales? Argumenta tu respuesta.
6. ¿Por qué la circulación de consumidores es tan importante para el éxito de un establecimiento? ¿Qué influencia directa ejerce el visual merchandiser (o store merchandiser) en este tema?

Ejercicios

Escoge a dos empresas minoristas, una situada en el mercado de moda pronta de precio medio y otra que ofrezca artículos de lujo de gama alta. Visita ambos establecimientos y responde a las siguientes preguntas:

1. Analiza los sistemas aplicados por ambos minoristas en sus escaparates y toma nota del tipo de display, de los elementos de marketing y del surtido de producto de cada uno. ¿En qué se parecen los displays de escaparate de ambos minoristas? ¿En qué se diferencian?

2. Entra en los dos establecimientos y da una vuelta por sus zonas de venta. Toma nota de cualquier cambio que se produzca en áreas clave o en zonas donde los atributos de visual merchandising favorezcan estos cambios. ¿Has detectado alguna diferencia entre ambos minoristas a la hora de realizar la transición entre zonas? De manera específica, define cómo aplica el minorista de moda pronta las técnicas de visual merchandising para comercializar sus productos y cómo las aplica el minorista de lujo.

3. Tras dar una vuelta por la zona de venta de los minoristas de tu elección, haz un plano esquemático de cada establecimiento con sus expositores, incluyendo la entrada/salida, el mostrador de caja y los probadores. Cuando acabes, determina el tipo de patrón de circulación asociado con el plano de elementos expositores de cada minorista. ¿Crees que este plano de circulación es el más adecuado para el perfil demográfico del consumidor y los precios del producto? ¿Por qué?

6

LAS TENDENCIAS EN EL COMERCIO MINORISTA

Hasta ahora hemos analizado diversos componentes del comercio minorista que trabajan juntas para crear esas máquinas bien engrasadas que son los establecimientos en los que compramos, ya sean físicos o electrónicos. Estos sistemas han ido evolucionando desde los inicios del sector, a principios del siglo XIX, y han progresado de manera que continúan atrayendo a los consumidores leales hacia sus admiradas marcas. Las empresas minoristas son cada vez más conscientes (y tienen más iniciativa al respecto) de la rápida transformación de los mercados y aumenta su confianza en la innovación en marketing, diseño y tecnología, utilizando tácticas contemporáneas para estar a la altura de la demanda de los consumidores. Ahora analizaremos los enfoques contemporáneos que se aplican en el sector minorista actual.

1 SOBREPASAR LAS BARRERAS

Los minoristas contemporáneos están superando los límites del sector para atraer a nuevos consumidores mientras siguen cultivando el trato con su clientela. Joan Pastor, diseñador de moda convertido en minorista, utiliza maniquíes con cabezas a modo de caricatura, para diferenciarse de los de aspecto tradicional.

El comercio electrónico y la compra en línea

En el competitivo mercado actual, los comercios minoristas con establecimientos físicos necesitan contar con presencia en Internet para ofrecer a sus consumidores múltiples entornos de compra. De hecho, y como Internet se ha convertido en un mercado por derecho propio, muchas empresas minoristas están renunciando a implantar puntos de venta físicos, recortando así en gastos generales, para construir su marca y desarrollar su mercado de consumo.

El comercio electrónico se ha convertido rápidamente en un foro en el que tanto los minoristas emergentes como los establecidos exhiben sus productos, permitiendo a los consumidores examinarlos y comprar como les resulte más conveniente. Este canal de compras se ha popularizado tanto que muchas empresas minoristas han comenzado a separar el comercio electrónico de los puntos de venta físicos en función de su importancia como fuente de ingresos, considerándolos negocios independientes y, por tanto, desarrollando iniciativas minoristas específicas en función del canal, con vistas a aumentar las ventas.

Aunque esto pueda ser positivo a la hora de pronosticar el crecimiento estratégico de la empresa, los minoristas deben tener presente que los consumidores no conciben las compras en línea y sobre el terreno como conceptos separados.

Muchas empresas minoristas contratan los servicios de agencias externas para conocer en detalle lo que motiva a los consumidores a comprar en línea, al intentar contribuir al crecimiento de su negocio. ForeSee, una compañía de investigación de mercado, ha vinculado con cuatro factores la satisfacción generada en Internet por los sitios de comercio electrónico minorista:

× La funcionalidad de la página web.
× El surtido de mercancías.
× El precio de los artículos.
× El contenido de la página web.

Entender lo que impulsa a los consumidores a visitar de nuevo una página web proporciona pistas sobre cómo captar a nuevos visitantes que puedan estar buscando un producto y/o una experiencia similar en otro sitio.

"Los consumidores ya no distinguen entre las compras tradicionales o en línea. Ya se trate de buscar en Internet con un portátil, curiosear por las tiendas del centro de la ciudad o pasar el rato en un centro comercial, todo se percibe como 'ir de compras'."

Sridhar Ramaswamy, vicepresidente sénior de publicidad y comercio de Google

SISTEMA DE INTERFAZ DEL COMERCIO ELECTRÓNICO

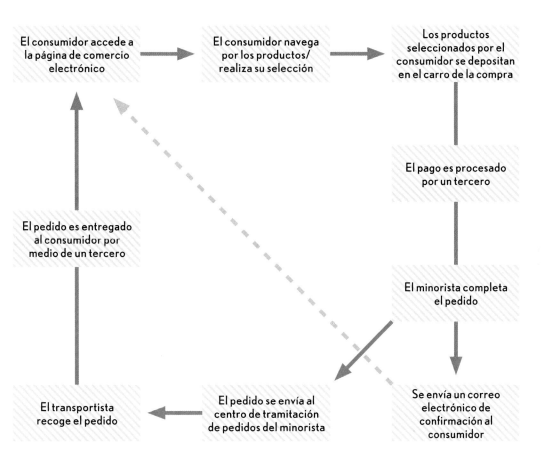

2 EL COMERCIO ELECTRÓNICO
   DE UN VISTAZO

El proceso que sigue el comercio electrónico es bastante lineal, desde su comienzo hasta la entrega del pedido. Suelen utilizarse empresas ajenas para tramitar o transportar el pedido, aunque hay ocasiones en las que otras empresas externas pueden formar parte del proceso, en general en el tramo comprendido entre el consumidor y los centros de tramitación de pedidos. El proceso descrito es el que suelen utilizar los sitios web de comercio electrónico internacional.

2

El comercio electrónico y la compra en línea

La integración multicanal

Las tendencias (y demandas) del consumo están generando nuevos estándares dentro del sector del comercio electrónico, de cuya existencia deben ser conscientes las empresas minoristas. En el mercado digital, las tendencias se convierten rápidamente en normas, y si un minorista no es capaz de ofrecer lo que los consumidores consideran que es un servicio estándar, lo sustituirán sin dilación por otra empresa minorista que pueda ofrecerles este servicio.

Una empresa que practique la venta minorista desde un enfoque omnicanal debe contar con un sistema integrado que permita que los consumidores compren con facilidad tanto en sus establecimientos físicos como a través de Internet, *smartphones* y tabletas. Ofrecer a los consumidores la posibilidad de entrar en un establecimiento y comprar desde sus teléfonos, o de buscar los productos por Internet y adquirirlos en un punto de venta físico representa para el minorista una tasa más elevada de cierre de ventas.

En el caso de los minoristas que solo trabajen con canales de comercio electrónico, ofrecer al consumidor la posibilidad de navegar por la web con facilidad y sin dificultades técnicas utilizando diversos aparatos electrónicos contribuirá a

3 PUNTOS DE CONTACTO PARA LA COMPRA

Los consumidores adquieren productos de muchas formas, por lo que las empresas minoristas intentan integrar eficientemente sus sistemas en diversos puntos de contacto, para que el cierre de la venta resulte más rápido y fácil.

4

4   DEL COMERCIO
    ELECTRÓNICO
    A LA TIENDA FÍSICA

Piperlime, la boutique de
moda en línea de Gap, ha
creado una réplica de su sitio
web en el mundo real con la
reciente apertura de su primer
establecimiento físico en
Nueva York. Jennifer Gosselin,
vicepresidenta sénior y directora
general de Piperlime, hace una
demostración de la experiencia
interactiva de compra, con la
que Piperlime espera imitar
la experiencia de comercio
electrónico en su punto de
venta físico.

cerrar ventas e incitará a los clientes a visitar
el sitio web de manera continua a través del
punto de contacto de su elección.

La diversificación de los métodos de envío

Los minoristas han comenzado a ofrecer a
los consumidores el envío (y la devolución)
gratuito de los productos mediante un tipo
de entrega estándar por transporte terrestre.
Para hacer esto, repercuten los gastos de
envío en el precio del producto, lo que ayuda
a cerrar la venta y evita incomodidades
al consumidor, ya que no existen costes
adicionales que añadir al llegar a la pantalla
de facturación.

En la actualidad, los consumidores desean
recibir sus compras con la mayor celeridad
posible, por lo que los minoristas también
ofrecen tarifas planas optativas para servicios
de entrega en veinticuatro o cuarenta y ocho
horas, e incluso durante el mismo día. Los
costes de estas tarifas son más elevados
que los del envío estándar, y suele ser un
método de entrega poco sostenible, ya que
normalmente se realiza por transporte aéreo;
sin embargo, algunos consumidores no
dudan en utilizar este servicio si ello supone
recibir cuanto antes los productos de su
marca favorita.

Las divisas alternativas

Coincidiendo con el incremento de las
comisiones aplicables a las tarjetas de
crédito, los consumidores han comenzado
a utilizar métodos alternativos para pagar
sus compras. Aunque su uso se sigue
imponiendo, las tarjetas de crédito
(Visa, MasterCard, AMEX, etcétera)
se están sustituyendo por sitios web de
procesamiento de pagos, como PayPal,
Google Checkout y Amazon Payments,
que cobran al minorista (no al cliente) las
comisiones por transacción que suelen
asociarse al uso de tarjetas de débito
y de crédito.

El comercio minorista itinerante, las tiendas *pop-up* y las *concept stores*

Aunque las tiendas físicas en cierto modo han cedido terreno a los sitios de comercio electrónico, los minoristas son conscientes de que, para los consumidores, sigue siendo importante visitar un espacio físico en el que curiosear y comprar productos. Así pues, la cuestión es la siguiente: ¿cómo pueden las empresas minoristas realizar la transición desde una tienda electrónica a un espacio físico y conseguir que sea totalmente aceptado por los consumidores?

Para una empresa minorista, existen diversas maneras de presentar sus establecimientos electrónicos a los consumidores en forma de espacio físico.

Los puntos de venta itinerantes, las tiendas *pop-up* (o establecimientos provisionales) y las *concept stores* representan para el minorista una manera fácil de poner a prueba el mercado, los productos y las marcas antes de invertir en tiendas físicas o en espacios físicos permanentes.

El comercio minorista itinerante (o venta en tráiler)

En las zonas metropolitanas, la venta itinerante con remolques es un método utilizado tradicionalmente por la industria alimentaria; las empresas minoristas de moda han adoptado la idea, entendida como un medio para hacer llegar la marca hasta

5-6 LAS TIENDAS *POP-UP*

Las tiendas *pop-up* se están convirtiendo en un elemento indispensable tanto para las marcas emergentes como para las establecidas, ya que representan una manera sencilla para que la empresa minorista pueda evaluar nuevos mercados o generar interés por la marca comercializando en ellas prototipos de muestrario o rebajas de final de temporada.

5

el consumidor, en vez de intentar que el consumidor se acerque a la marca. Un camión adaptado, con espacio para varias personas, permite que los consumidores puedan acceder a su interior para examinar la marca, el producto o la iniciativa de marketing. Cuando el camión ya ha pasado un tiempo en un lugar concreto, el género puede recogerse fácilmente y seguir su camino. Muchas empresas están poniendo a prueba nuevos mercados con este sistema, informando sobre el paradero del camión a través de sus blogs para llamar la atención de los consumidores antes de que el tráiler llegue a la localidad en cuestión.

6

"Aunque recuperar el concepto del vendedor puerta a puerta sea demasiado difícil en el mundo actual, estamos asistiendo a un incremento de las iniciativas para acercar el producto a los consumidores."

Marshal Cohen, analista jefe del sector del NPD Group, Inc.

El comercio minorista itinerante, las tiendas *pop-up* y las *concept stores*

7

STORY: UNA *CONCEPT STORE* QUE DESPIERTA LA CURIOSIDAD DE LOS MINORISTAS

STORY, un establecimiento minorista de unos 185 m² situado en la neoyorquina zona comercial de Chelsea, representa un nuevo concepto que ha copado los titulares de la prensa gracias a su espacio minorista que, a modo de galería de arte, se halla en constante evolución. Cada uno o dos meses, STORY reinventa el tema de su decoración interior, sustituye expositores, productos y diseños, y crea un nuevo mensaje minorista para el disfrute de los consumidores.

STORY es un "espacio minorista desde la visión de una revista, que se transforma en galería y que vende productos como una tienda", afirma su web, que también ofrece al visitante información sobre exposiciones pasadas, presentes y futuras. Se trata de un espacio increíble, con un singular concepto del comercio detallista que atrae a los consumidores, al tiempo que les ofrece una experiencia educacional sobre el producto y la empresa minorista.

7-8 UNA TIENDA PARA CADA PERSONA

Los transeúntes pasan junto a BOXPARK, un centro comercial *pop-up* situado en Londres (Reino Unido), en el que sesenta contenedores para transporte de mercancías forman un centro comercial provisional. Aunque las *concept stores* como STORY suelen ser permanentes, su entorno e interiorismo en constante evolución mantienen vivo el interés del consumidor.

Los establecimientos *pop-up*

Las tiendas minoristas provisionales existen desde hace varios años; antiguamente se utilizaban para liquidar restos de *stock* y/o muestrarios de diseñadores y de minoristas de gama alta. En la actualidad se utilizan como un instrumento de marketing, para generar expectación en torno a los detalles de localización de última hora y a las gangas de temporada imposibles de encontrar en tiendas normales o por Internet. Las tiendas *pop-up* siempre han formado parte del paisaje minorista de las grandes ciudades, aunque últimamente gran cantidad de establecimientos temporales han hecho su aparición en áreas urbanas, ya que tanto los minoristas como los diseñadores quieren acercar sus nombres a nuevos consumidores en mercados inexplorados hasta el momento.

Las *concept stores*

Las *concept stores* son establecimientos que redefinen el ambiente del comercio minorista mediante la innovación en el concepto o en el producto. Cuando utilizan este término empresas minoristas ya establecidas, suele implicar un cambio en el aspecto visual del diseño de la tienda que se aplicará a la próxima tanda de establecimientos que se vayan a construir o reformar. Sin embargo, cada vez con más frecuencia, *concept store* es sinónimo de minoristas desconocidos que intentan superar los límites creativos por lo que se refiere al concepto, al producto y a la experiencia de compra del consumidor.

8

Las colaboraciones entre minoristas y diseñadores

El origen de las colaboraciones entre minoristas y diseñadores se remonta a la década de 1980, cuando el diseñador estadounidense Halston introdujo una línea de moda pronta para JC Penney; en la actualidad, estas colaboraciones han evolucionado y se producen en múltiples ocasiones cada temporada. Los consumidores demandan variedad, y desean que sus marcas favoritas les ofrezcan productos que, aunque fabricados en serie, les hagan destacar entre la multitud. Las empresas minoristas, conscientes de ello, han recurrido a fuentes externas, como en su momento hiciera JC Pennney, para que colaboren en el diseño de diversos artículos que les permitan comercializar un producto más exclusivo entre los seguidores de ambas marcas, tanto del minorista como del diseñador.

Las empresas minoristas han aprendido rápidamente que, aunque el consumidor profese lealtad hacia su marca, existen otras marcas en las que este también gasta su dinero. Para conseguir que los consumidores vuelvan cada temporada a sus tiendas, muchos minoristas de moda han comenzado a colaborar con diseñadores, tanto de gama alta como emergentes, en la creación de modelos a precios asequibles que se comercializarán bajo la marca del minorista. Así, diseñadores externos trabajan para los minoristas creando modelos que reflejen su estética y su punto de vista sobre el diseño pero pensando en el público objetivo del minorista. Este tipo de colaboraciones se dan en todo tipo de empresas minoristas, desde las cadenas de moda pronta hasta las tiendas de gama alta.

10

Es importante tener presente que el coste de la licencia para el uso de las creaciones del diseñador, sumado a los costes de producción, no se ajustan al modelo habitual del minorista para generar beneficio. Sin embargo, la exposición mediática resultante de la colaboración atraerá a sus establecimientos tanto a los clientes existentes como a los nuevos consumidores, que acabarán comprando otras marcas del minorista (por lo general, marcas genéricas); y ahí la empresa minorista generará beneficios, gracias al incremento del tráfico de consumidores y del número de unidades por transacción.

9-10 LAS COLABORACIONES GLOBALES

Las colaboraciones no solo se dan en territorio nacional; estas asociaciones entre diseñadores y minoristas tienen una dimensión mundial, y ofrecen la oportunidad de darse un capricho con codiciados diseños a mercados que cuenten con un sector minorista contemporáneo.

"La razón del éxito o del fracaso de las colaboraciones entre diseñadores y minoristas radica en la correcta comprensión del punto de vista del consumidor respecto a la combinación de diseñador y minorista."

Greg Petro, director ejecutivo de First Insight y colaborador de *Forbes*

Las colaboraciones entre minorista y diseñador

Las colaboraciones entre minoristas e instituciones académicas

Siguiendo con la idea de las colaboraciones, muchas empresas minoristas, deseando incorporar nuevas perspectivas al mercado, han empezado a centrarse en los estudiantes e instituciones universitarias, proporcionándoles la oportunidad y el escenario para mostrar sus creaciones de diseño. Las actividades más importantes se concretan en las aportaciones económicas con las que el minorista subvenciona la compra de material por parte de los estudiantes o en forma de becas universitarias, con lo que el alumno solo debe asumir los gastos menores.

¿EN QUÉ CONSISTE LA MODA *MASSTIGE*?

Derivado de la unión de *mass* y *prestige*, el término *masstige* (que podría traducirse como "prestigio para las masas") se utiliza para designar aquel producto que ha sido desarrollado pensando en el mercado masivo. Este producto suele estar licenciado por marcas y diseñadores de gama alta, y representa la expansión de una marca existente hacia escalafones inferiores del mercado.

Michael Silverstein y Neil Fiske, autores de *Trading Up*, definen el *masstige* como moda de primera calidad a precio asequible, que puede determinarse teniendo en cuenta dos variables:

1. El objeto suele considerarse un artículo de lujo o de primera calidad.

2. El objeto tiene un precio que suele llenar el vacío existente entre el mercado medio y los minoristas de gama alta.

Un ejemplo de este tipo de mercado minorista es la marca Marc Jacobs en relación con otras marcas de la misma empresa, como Marc by Marc Jacobs y Bookmarc, que poseen un claro simbolismo gracias a su asociación con la marca principal pero cuyos precios son más reducidos.

11

11-12   EL DISEÑO DEL LANZAMIENTO DE UNA TIENDA *POP-UP*

Los estudiantes del londinense Central Saint Martins College of Art and Design (Reino Unido) tuvieron la oportunidad de trabajar con el minorista estadounidense J. Crew, y obtener una experiencia de primera mano a la que muchos estudiantes de enseñanza superior no suelen tener acceso antes de graduarse.

En diferentes ocasiones, Urban Outfitters ha colaborado de manera habitual con los estudiantes de diseño de exposiciones y diseño de moda del Pratt Institute de Nueva York en la creación de escaparates navideños y en el desarrollo de una línea de vestidos femeninos, respectivamente. J. Crew, por su parte, contrató a estudiantes de Central Saint Martins (Londres, Reino Unido) para poner en marcha una tienda *pop-up*, coincidiendo con la creación de los primeros establecimientos físicos del minorista en el Reino Unido.

Tanto los diseñadores como las escuelas de moda y los estudiantes utilizan sus aptitudes creativas para ayudar a las empresas minoristas en el desarrollo de mercados nicho y sus correspondientes productos dirigidos a sus consumidores. A medida que las empresas minoristas nacionales continúan su expansión en el extranjero, cada vez recurren con mayor frecuencia a las colaboraciones esperando que sus consumidores se sientan satisfechos y quieran más productos.

"Cuando participé en el curso intensivo de diseño de exposiciones del Pratt Institute. tuve la oportunidad de trabajar en un proyecto real, algo mucho más valioso que desarrollar proyectos conceptuales. Somos una empresa que prospera gracias a la creatividad; ofrecer a los estudiantes la oportunidad de hacer algo real es la mejor experiencia que puedes tener cuando estás en la escuela."

Julia Koral, jefa de displays de diseño de Urban Outfitters

12

La tecnología en el sector minorista

Es difícil debatir sobre los temas más populares en el comercio minorista sin sacar a colación la tecnología y, específicamente, cómo esta permite a las empresas minoristas dar respuesta a las demandas de compra del consumidor. A medida que el sector crece y disminuye su vertiente tangible, los minoristas buscan esos canales tecnológicos que les permitan marcar la diferencia respecto a sus competidores.

No solo nos referimos a los productos tecnológicos que se hallan en fase de desarrollo y que sorprenden continuamente

13

al consumidor cuando son objeto de debate, sino también a aquella tecnología introducida con anterioridad en el sector, que sigue

13-14 EL USO DE LA TECNOLOGÍA PARA REALIZAR LA EXPERIENCIA DEL CONSUMIDOR

Es fácil comprender que las empresas minoristas busquen aquellas innovaciones tecnológicas que les permitan ofrecer a sus consumidores una experiencia de compra más cómoda y rápida. La compra virtual y los códigos QR son algunas de las herramientas que el minorista puede utilizar para captar al cliente y propiciar el cierre de la venta.

desarrollándose y se ha vuelto más asequibles y más fácil de usar para la empresa minorista como, por ejemplo:

× La impresión en tres dimensiones: permite que los consumidores personalicen sus productos en función de sus preferencias y evita a los minoristas tener que realizar compras previas, marcar el precio de los artículos e intentar venderlos. Esta herramienta tecnológica es bastante nueva en el mercado y se utiliza, principalmente, para personalizar accesorios y artículos de estilo de vida.

× La IRF, o identificación por radiofrecuencia: transmite una radiofrecuencia desde un chip instalado en la etiqueta de la prenda que pone en marcha la reproducción de vídeos o música a medida que nos acercamos a ellos. Años atrás, este sistema se ha utilizado para totalizar las compras del cliente en el mostrador de caja o para inventariar las existencias.

× Los códigos QR (códigos de respuesta rápida): gráficos personalizables que, al escanearse, permiten que el dispositivo con el que se ha escaneado (un *smartphone* o una tableta) acceda directamente a la página web del minorista, descuentos en línea, blogs, etcétera.

× El videocomercio: esta reciente adición a muchas páginas web permite que los minoristas muestren sus productos en tiempo real, de modo que el consumidor pueda captar el aspecto visual del producto al verlo en un modelo. Suelen utilizarse sitios web como YouTube y Vimeo para alojar el vídeo (al que se podrá acceder mediante un enlace desde el sitio web del minorista), aunque algunas empresas optan por incrustarlo directamente en su página web.

Estos son solo algunos ejemplos de cómo la tecnología está siendo utilizada y actualizada con frecuencia. Aunque todos constituyen unos excelentes instrumentos de venta para el minorista, la calidad del producto, el precio y el servicio al cliente siguen siendo las principales fuerzas motrices de la compra del consumidor.

14

Entrevista: International Playground, empresa de moda mayorista y minorista

JOHNNY PIZZOLATO: HITOS DE SU CURRÍCULUM

1997-2001

Se traslada a Nueva York para asistir a la Hofstra University, donde estudiará interpretación. Trabaja en Armani y Urban Outfitters antes de graduarse. Aunque desarrolla una carrera profesional como actor y músico, siempre acaba volviendo al mundo de la moda.

2003

Produce el desfile benéfico para la Lymphoma Research Foundation con la colección de David Dalrymple para Patricia Field. Se traslada a Los Ángeles y se convierte en director de ventas para la costa oeste de Guido, la primera línea de Carlos Campos.

2004-2008

Vuelve a Nueva York, donde sigue trabajando para Guido. Pone en marcha el grupo The Johns y se va de gira por Estados Unidos mientras sigue trabajando para Brooklyn Industries, Carlos Campos y AESA Jewelry. Finalmente, se convierte en director de mercado para Carlos Campos.

2009

Junto con Virginia Craddock, lanza al mercado International Playground.

VIRGINIA CRADDOCK: HITOS DE SU CURRÍCULUM

1999-2004

Se gradúa en la New York School University, en el programa de Estudios Culturales, con una subespecialidad en medios de comunicación digitales.

2004-2007

Aúna fuerzas con la emergente marca contemporánea Gingerblu como jefa de producción.

2007-2009

Trabaja en Elizabeth Gillet, en el departamento de producción exterior, y gestiona las ventas de la marca genérica. Es consultora para Carlos Campos. Pone en marcha la marca REVIVAL, una colección de vestidos vagamente inspirados en sus prendas vintage preferidas de las décadas de 1960 y 1970.

2009

Junto a Johnny Pizzolato, lanza al mercado International Playground.

P ¿Cómo nació International Playground?

R International Playground se fundó en 2009 como una nueva forma conceptual de operar en el ámbito de la moda. Tras trabajar para varios diseñadores independientes, sus fundadores, Johnny Pizzolato y Virginia Craddock, idearon una nueva fórmula para que las empresas emergentes pudiesen estar presentes tanto en el ámbito mayorista como en el mercado minorista empleando medios asequibles.

La fórmula surgió de nuestra propia experiencia profesional con pequeños diseñadores, de sus frustraciones y de la carencia generalizada de apoyo para el talento emergente. Nuestra intención era crear una incubadora para los diseñadores menos comerciales y una plataforma para presentar estas marcas de manera impactante a los compradores, editores y al gran público.

P ¿Qué provocó vuestra transición de agentes mayoristas a propietarios de un establecimiento?

R La tienda o tiendas *pop-up* que acabaron formando nuestro establecimiento comenzaron a funcionar en paralelo al *showroom*. Siempre hemos coexistido como entidad mayorista y comercio minorista; esto forma parte del sistema de apoyo que ofrecemos a nuestros diseñadores y constituye una elección estratégica para International Playground como marca. Inicialmente, el *showroom* comenzó su andadura en el mismo espacio que la tienda, aunque pronto se nos quedó pequeño.

"A medida que pasan las temporadas, el mundo parece hacerse cada vez más pequeño y somos testigos de una mayor mezcla de estilos."

Entrevista: International Playground, empresa de moda mayorista y minorista

P ¿A qué retos os enfrentáis cuando seleccionáis vuestras compras de temporada? ¿Cómo los superáis?

R Es difícil alcanzar el equilibrio entre el talento emergente y nombres reconocibles para nuestros clientes. Nos atraen muchas marcas internacionales poco conocidas; reforzarlas con nombres conocidos para el público contribuye a que nuestros clientes confíen en la tienda, descubran el producto e inviertan en él.

También tenemos problemas a la hora de delimitar nuestra selección, ya que ahora mismo el mercado está plagado de diseñadores increíbles, pero el espacio con el que contamos para los nuevos talentos es limitado. Nos gusta trabajar con las marcas que escogemos durante varias temporadas para construir la imagen de marca.

Otro de nuestros retos consiste en comunicar a nuestros clientes el valor intrínseco de una marca, mostrarles la historia y la trayectoria del diseñador, la singularidad de los tejidos, el valor que añade a la prenda el lugar donde se ha fabricado y quién la ha confeccionado. Cuando seleccionamos nuestras compras, debemos tener en cuenta si nuestro cliente final entenderá por qué creemos que esa prenda es especial y posee un valor intrínseco. El mundo del comercio minorista está tan atestado de colaboraciones y asociaciones entre la alta moda y la moda pronta, entre lo emergente y lo establecido, y de hipermercados que adoptan tendencias independientes, que puede confundir el moverse en el ámbito de la moda emergente y responsable.

P ¿Cómo buscáis tendencias emergentes que influyan en el producto que compráis para la tienda International Playground?

R Tenemos la oportunidad de viajar bastante gracias a la faceta mayorista de nuestro negocio, y de observar acontecimientos en los diversos campos de la moda de todo el mundo que pueden dar forma a nuestras compras. Uno de los lugares que más nos gusta visitar en busca de inspiración es Copenhague.

También investigamos las tendencias en otros ámbitos de la cultura y del diseño, como la música, la arquitectura, la cocina, la vida nocturna, la publicidad, el interiorismo, etcétera. Asimismo, estudiamos las colecciones de diseñador en busca de inspiración para la temporada, ya que marcan la pauta en lo referente a los colores, tejidos y siluetas clave que serán relevantes en temporadas futuras.

15 UN DÚO DINÁMICO

La sociedad formada por Virginia y Johnny no se limita exclusivamente a la faceta profesional, sino que también deja espacio para la diversión, como resulta evidente en la cultura empresarial de la compañía, en el entorno de su establecimiento y en sus inconfundibles productos.

15

P ¿Qué semejanzas y/o diferencias observáis entre el mercado de la moda estadounidense y el europeo?

R A medida que transcurren las temporadas, el mundo parece hacerse cada vez más pequeño y somos testigos de una mayor mezcla de estilos. El mercado estadounidense parece seguir siendo más tímido y conservador que el europeo, y las grandes tendencias globales parecen arraigar aquí más tarde. Desde hace unas temporadas, la ropa deportiva y el atletismo son la tendencia actual en la indumentaria masculina europea.

En Estados Unidos, sin embargo, el mercado de la moda masculina ha estado dominado por un look utilitario, influido por la tradición cultural local que la mayoría de los diseñadores europeos ya ha dejado atrás. En general, las empresas minoristas europeas tienden a ser más internacionales y arriesgadas, mientras que los establecimientos estadounidenses se concentran mayoritariamente en diseñadores nacionales.

Caso práctico: ASOS

En proceso de convertirse rápidamente en un fenómeno del comercio electrónico, ASOS ha fijado un nuevo estándar en el sector del comercio minorista de moda que dificulta la competencia por parte de otros minoristas. ASOS no solo ofrece un amplio surtido de ropa y accesorios masculinos y femeninos de marca, sino también sus propios artículos de marca genérica, bellamente diseñados, que aparecen en las fotos espontáneas de los *fashionistas* tomadas en desfiles de moda de todo el mundo. Esta joven marca está demostrando al sector que la expansión a nivel global implica pensar de manera global (y responsable).

Tras su lanzamiento en el año 2000, ASOS (acrónimo de *As Seen On Screen*, "visto en pantalla") comenzó su andadura comercializando ropa y accesorios de marca con un buen diseño y productos de belleza para el mercado británico situado en la franja de edad comprendida entre los 18 y los 34 años. Trece años después, ASOS cuenta con sitios web internacionales en francés, inglés, alemán, italiano y español, lo que la convierte en un auténtico gigante internacional, con páginas web traducidas a ocho idiomas . Para suministrar la mano de obra necesaria para el funcionamiento de estos sitios web y garantizar que el servicio al cliente responda a los humildes orígenes de la empresa, ASOS cuenta con oficinas en Francia, Alemania y Estados Unidos; sus oficinas centrales están en Camden, al norte de Londres.

"En tan solo nueve años, asos.com ha pasado de ser una página web para un mercado nicho en busca del look de las famosas a convertirse en un fenómeno de masas en Internet."

Grazia, revista de moda femenina

16 NO APTO PARA FOTÓGRAFOS AMATEUR

Cuando se trata de una empresa minorista que comercializa sus productos exclusivamente en Internet, es imperativo que el personal sepa utilizar el equipo técnico e informático necesario.

Reinventar la rueda por Internet

ASOS sigue usando estrategias tradicionales de comercio electrónico, y ofrece a sus consumidores un sitio web interactivo que atrae al público gracias a su bella selección de productos, sus colores saturados y sus estrategias minoristas específicamente desarrolladas para el comercio por Internet. Así, por ejemplo, ASOS fue el primer minorista electrónico en utilizar una pasarela multimedia en su página, permitiendo que el público pudiese apreciar en movimiento el producto que estaba a punto de comprar. Este elemento ha recibido una reacción tan positiva por parte de los consumidores que muchos minoristas han comenzado a implementar esta innovadora herramienta en sus páginas web.

Otra estrategia minorista rompedora fue la introducción de Marketplace, que permite a la comunidad global de ASOS comprar, vender e intercambiar productos, fomentando así una mentalidad unificada respecto a la sostenibilidad en la moda y en el comercio minorista. En Marketplace se puede vender individualmente o como boutique o marca, y cada vendedor debe someterse a condiciones específicas determinadas por ASOS. Independientemente de quién realice la venta, este Marketplace global constituye un fantástico foro para que diseñadores y estilistas emergentes puedan compartir inspiración, tendencias y productos de moda con la comunidad.

16

Caso práctico: ASOS

Crecimiento global = responsabilidad social

ASOS continúa creciendo, al igual que la responsabilidad social corporativa de la empresa, uno de cuyos imperativos es mantener informados de su determinación tanto a los consumidores como a sus proveedores. Esto ha permitido que ASOS construya un sólido marco para la responsabilidad social corporativa, llamado (apropiadamente) *Fashion with Integrity* (es decir, moda con integridad), dentro del cual los empleados trabajan por el desarrollo de prácticas sostenibles tanto en su lugar de trabajo como en sus comunidades. ASOS ha implementado diversas medidas para garantizar que todas las partes implicadas en la empresa se embarquen en los mismos objetivos. He aquí algunas de sus más célebres iniciativas:

× La práctica del comercio justo.
× La eficiencia energética.
× La labor conjunta con organizaciones no gubernamentales.
× La percepción positiva de la imagen corporal.
× La moda sostenible.

Las iniciativas mencionadas son solo una muestra, a grandes rasgos, de las detalladas iniciativas por las que aboga la empresa y en las que participa, y que la convierten en un sólido modelo de referencia para minoristas emergentes.

17 MARCANDO LA PAUTA

Desde sus almacenes hasta la calle, pasando por su página web, ASOS ha logrado un firme puesto en el mercado como minorista electrónico de moda contemporánea.

El comercio minorista sin pieles de animales

Una de las mejores iniciativas de ASOS es su práctica empresarial de no comercializar pieles de animales. ASOS ha dejado claro a sus accionistas que el uso de pieles en moda no es aceptable, principalmente por los crueles métodos empleados en su obtención. Para cerciorarse de que los integrantes de sus equipos y sus proveedores estén convenientemente informados al respecto, ASOS ha establecido una serie de directrices sobre la seguridad y el bienestar de los animales, distribuye información entre sus empleados, les enseña a distinguir entre pieles naturales y falsas, y sigue unos estrictos controles de calidad al respecto. Algunas de las directrices de obligado cumplimiento para aquellos proveedores que quieran hacer negocios con ASOS incluyen:

× No usar pieles, cueros exóticos o cualquier parte de animales en peligro de extinción en sus productos.
× No testar productos en animales.
× Utilizar únicamente cuero, pieles de animales y plumas que provengan de proveedores con un historial positivo en lo que al trato justo de los animales se refiere.

Aunque estas demandas puedan parecer difíciles de cumplir para el sector, los proveedores de ASOS consideran que implementarlas no es un problema, y así tranquilizan la conciencia de los consumidores.

This is ASOS

YOUR ONE-STOP
FASHION DESTINATION

Shop the latest looks at the best prices from over 850 brilliant brands, including the loved-by-fashion-insiders ASOS own label.

VIEW	VIEW
WOMEN	**MEN**

"A medida que crecemos para convertirnos en una marca global, dejamos una huella cada vez mayor en el planeta; esto conlleva más responsabilidad, pero también nos ofrece los recursos y la influencia necesarios para dar pie a una transformación. Estoy entusiasmado con el potencial que ofrece la responsabilidad corporativa para liderar soluciones que nos permitan alcanzar nuestros objetivos de crecimiento y de rendimiento económico de manera ética y según nuestros valores. Debemos trabajar con personas y organizaciones de todo el mundo para alcanzar el beneficio colectivo."

Nick Robertson, director ejecutivo de ASOS, Plc.

17

COUNTRIES

Resumen del capítulo 6

El capítulo 6 analiza la importancia de una serie de temas populares dentro del sector minorista, desde el comercio electrónico hasta las tácticas de marketing y los sistemas tecnológicos que se utilizan para atraer tanto a los nuevos consumidores como a los clientes existentes. Continuamente, los minoristas experimentan con diversos enfoques para conquistar a su público, buscan la reinvención de sistemas oportunistas ya existentes en el sector o bien se convierten el pioneros del desarrollo de nuevos sistemas. Cada cliente que visita los establecimientos o que hace clic en la página web de un minorista presenta el desafío de atraerlo, conservar su lealtad y, lo más importante, lograr que compre. La competencia es una carrera de obstáculos que todo tipo de empresa minorista debe aprender a sortear, los minoristas que centran su atención en el consumidor en vez de limitarse a intentar obtener un beneficio, suelen ser los más exitosos y sostenibles.

Preguntas y temas de debate

1. En el mercado actual, ¿por qué crees que es importante la presencia en Internet para un minorista?
2. ¿Qué significa la expresión "comercio minorista omnicanal"? ¿Cómo puede contribuir a la comercialización de los productos de un minorista a nivel global?
3. En tu opinión, ¿cuál de los siguientes tipos de establecimiento puede convertirse en una provechosa herramienta de investigación para un minorista que se plantee pasar del comercio electrónico a un establecimiento físico: las tiendas itinerantes, las tiendas *pop-up* o las *concept stores*? Argumenta tu respuesta.
4. Define la expresión "moda *masstige*" y pon ejemplos de este mercado que no se hayan mencionado en el texto.
5. ¿Por qué las colaboraciones con empresas minoristas resultan fructíferas para las partes implicadas (minorista, diseñador y consumidor)?
6. ¿Crees que la tecnología es una herramienta de venta minorista lo suficientemente potente como para atraer a los consumidores? Razona tu respuesta.

Ejercicios

Escoge a una empresa minorista que en la actualidad opere exclusivamente a través de una plataforma de comercio electrónico. Después de investigar en profundidad la marca y su mercado de consumo, completa los siguientes ejercicios:

1. Crea una página de inspiración sobre el perfil demográfico del consumidor y el mercado objetivo, utilizando tanto textos como imágenes. Ambos deberían aparecer en proporción similar para mostrar quién conforma el mercado del minorista en cuestión.
2. Después, escoge un mercado en el que intuyas que el minorista de tu elección no está presente; por ejemplo, es posible que el minorista posea un mercado escaso o nulo en Vancouver (Canadá). Cuando lo hayas escogido, analiza este mercado y crea una página de inspiración para el mismo. Intenta conectar la investigación sobre la región comercial con el perfil demográfico del consumidor analizando puntos clave como la edad, los intereses, las preferencias en moda, etcétera.
3. Elige uno de los métodos que se mencionan en el capítulo 6 para presentar físicamente una marca de comercio electrónico al consumidor (por ejemplo, los establecimientos itinerantes, las tiendas *pop-up* o las *concept stores*). Desde un punto de vista creativo, diseña el método elegido de modo que refleje la información basada en la identidad de marca de la tienda electrónica que hayas recopilado durante tu investigación. Por ejemplo, si decides diseñar un punto de venta itinerante, ¿qué aspecto tendría esta tienda, por dentro y por fuera? ¿Cómo la diseñarías para que los consumidores entendiesen la marca?
4. Presenta tus respuestas en el formato más adecuado para articular tus ideas (bocetos detallados, formato CAD, medios digitales, etcétera).

CONCLUSIÓN

A medida que cerramos el círculo y concluimos nuestro debate sobre el heterogéneo universo del comercio minorista de moda, no debemos olvidar los pasos significativos que ha dado este sector, siempre en constante evolución, desde que surgió en la Revolución industrial. En la actualidad, con su presencia global en la mayoría de las comunidades metropolitanas y rurales, el comercio minorista está grabado en nuestro entorno, proporciona a los consumidores una válvula de escape para sus comportamientos de compra y, al mismo tiempo, les inspira para ir en pos de nuevas experiencias de compra.

Comenzábamos este libro analizando los diversos tipos de comercio minorista y las diferencias entre ellos en función de su tamaño, producto y mercado de consumo. Esto nos llevó a la introducción del concepto de comercio minorista multicanal y a analizar la gran habilidad de la que hacen gala las empresas minoristas a la hora de cautivar a su público mientras hacen crecer su negocio. Los establecimientos físicos, Internet y otros muchos puntos de contacto han permitido que los minoristas lleguen más rápidamente a su público, especialmente en aquellos casos en que los medios sociales se han utilizado como instrumentos de marketing. El examen de los diversos modelos de comportamiento nos han ayudado a comprender mejor los mercados de consumo y cómo los minoristas construyen su marca en torno a ellos, diferenciándose de sus competidores y moviéndose hacia mercados nicho, tanto nacionales como internacionales.

La responsabilidad social corporativa nos ha enseñado la importancia de trabajar con la cadena de abastecimiento en la mejora de los sistemas que afectan a las partes implicadas y, en particular, a las comunidades que apoyan a los minoristas. Tanto los fabricantes como las empresas mayoristas y minoristas deben trabajar juntos para crear una industria más ética y sostenible, enfocada hacia el crecimiento estratégico a largo plazo, en lugar de centrarse en la venta a corto plazo que solo busca el beneficio. En líneas generales, las oficinas corporativas de las empresas minoristas dieron pie a una conversación más detallada sobre las rutinas cotidianas de las tiendas físicas, especialmente por lo que respecta a la gestión y el merchandising del punto de venta, que trabajan codo con codo de una manera eficiente para alcanzar los principales objetivos de la empresa: el cierre de la venta y el beneficio.

Finalmente, hemos examinado aquellas tendencias del sector que se están convirtiendo en norma a pasos agigantados. A medida que los minoristas pasan del enfoque multicanal tradicional al enfoque omnicanal, dan respuesta a las necesidades de los clientes intentando que su experiencia esté lo más integrada posible y les permita comprar donde y cuando deseen. Las diversas estrategias de marketing, junto con los nuevos avances tecnológicos, permiten que las empresas minoristas pongan sus productos a disposición de los consumidores más rápidamente y poner a prueba los mercados antes de invertir en establecimientos físicos o de trasladarse hacia nuevas áreas comerciales. El comercio minorista constituye un lucrativo negocio que no deja de maravillar a los consumidores, atrayéndoles con nuevas estrategias de ventas que los mantienen ansiosos por conocer la próxima gran marca, producto o experiencia de compra, bien sea por Internet o en la tienda física.

Glosario

Adyacencia lógica
Colocación del producto similar a la venta cruzada, aunque en este caso los artículos se disponen según una secuencia de uso lógica por parte del consumidor; así, por ejemplo, a los sujetadores les siguen las bragas, a las camisas les siguen las corbatas, etcétera.

Brick and mortar
Expresión inglesa que se refiere al establecimiento físico donde comercializa sus productos una empresa minorista.

Busto/torso
Maniquí cortado a la altura del cuello y de la cintura o los muslos. Los bustos para sastrería se fabrican en tela, lo que facilita el vestirlos y la presentación del producto, gracias a su naturaleza táctil.

Bustos de sastrería
Maniquíes tradicionales sin cabeza, forrados de tela, utilizados por los sastres. Suelen contar con una barra central que permite ajustar su altura y admiten sujetar las prendas con alfileres para darles forma.

Canilla
Vástago de metal inserto en la pierna o en el pie de un maniquí que sirve para conectarlo a la placa base.

Cierre de venta
Expresión que se utiliza para describir el momento en que el cliente minorista procede a comprar los productos que ha estado examinando en la tienda.

Comercio electrónico
Faceta del comercio donde la compraventa de productos tiene lugar en Internet o a través de un sistema de redes de ordenadores.

Comercio electrónico minorista
Comercialización minorista de bienes a través de Internet.

Comercio minorista omnicanal
Concepto que define una experiencia del cliente integrada y sin fisuras a través de todos los canales de compra disponibles: Internet, tiendas físicas, tabletas, etcétera.

Comercio minorista
Tramo de la cadena de abastecimiento en la que se produce la venta de bienes y servicios al comprador final para su uso personal.

Compra impulsiva
Compra no planificada. Para fomentarla, los minoristas ponen a la venta artículos de bajo precio (como calcetines, bálsamo labial o paraguas) colocándolos en la zona de cola del mostrador de caja o junto a artículos de precio más elevado.

Configuración de la zona de venta
Reorganización de los elementos de la zona de venta que el minorista realiza cada temporada para dar cabida a los nuevos conceptos de visual merchandising. Suele programarse con varias temporadas de antelación y requiere gran cantidad de mano de obra para ser completada.

Descuento
Reducción o rebaja porcentual del precio total de un artículo.

Devolución al proveedor (RTV, return to vendor)
Expresión utilizada en la oficina de compra para referirse a aquellos artículos que deben devolverse al proveedor a causa de su calidad deficiente, la lentitud en su venta o cualquier otra cuestión.

Devolución
Transacción en la que un cliente devuelve al minorista artículos adquiridos con anterioridad a cambio de otros artículos o del importe original pagado por el producto.

Diseño esquemático
Diseño abstracto en sus primeras fases de desarrollo; boceto básico.

Disposición en bloques de color
Presentación de la mercancía utilizando grupos, secuencias y combinaciones de color según las teorías y principios del círculo cromático.

Ediciones limitadas
Diseñadas para despertar una sensación de urgencia en el consumidor que provoque un incremento en el valor promedio por transacción.

Entorno sensorial de la tienda
Diseño del entorno de modo que resulte atractivo para los sentidos del consumidor.

Estrategia de merchandising
Plan para la colocación y posicionamiento del producto dentro de la zona de venta del establecimiento. Se basa en colocar el producto adecuado en el lugar indicado y en el momento preciso.

Etiqueta de composición
Etiqueta unida a un artículo individual que proporciona información sobre su composición, correcto mantenimiento, uso y origen.

Existencias disponibles
Inventario presente en la tienda o en el centro de distribución de la empresa.

Flujo de compras
Dirección que toman los consumidores al entrar en un establecimiento. Este flujo puede manipularse mediante la distribución de las vías de circulación o la colocación del producto.

Frontal
Banda situada en el exterior de una tienda que rodea los escaparates y suele contener el letrero con el nombre y el logo del establecimiento.

Gama principal o básica
Formada por productos que siempre están en *stock* y nunca sufren variaciones.

Investigación
Búsqueda de fuentes de inspiración para el desarrollo de diseños. La investigación primaria está formada por los contenidos originales recopilados por el investigador; la investigación secundaria surge del análisis de imágenes o ideas que provienen de fuentes existentes.

JTS (*Journey to Sale*)
Expresión inglesa que designa el conjunto de materiales impresos situados en el entorno comercial, como los elementos visuales, la señalética direccional, la señalética promocional y los descriptores de producto, así como los elementos publicitarios situados en el exterior del establecimiento, que acompañan y refuerzan la trayectoria del cliente.

Líneas promocionales
Ediciones limitadas, gamas de temporada o piezas de compra inmediata a las que se aplican diferentes parámetros de merchandising para hacer que destaquen entre la gama principal de la marca (con la que también deben ser coherentes).

Logo
Ilustración distintiva y reconocible que representa una imagen o nombre de marca determinados.

Maniquí culotte
Mitad inferior de un maniquí, que suele utilizarse para presentar ropa de baño, lencería o ropa interior.

Margen bruto de beneficio
Diferencia entre el precio de venta al público de un artículo y su coste al por mayor.

Glosario

Merchandising abierto
Aquel en que el cliente puede tocar, coger
o probarse libremente los artículos de moda.

Merchandising cerrado
Presentación de productos valiosos
o de gama alta en vitrinas cerradas.

Merchandising
Coordinación, promoción y análisis de las
ventas de artículos en un establecimiento
minorista. El profesional que desempeña
estas funciones en representación del punto
de venta se conoce como merchandiser.

Merchandising de fechas especiales
Merchandising que se aplica a determinados
momentos del año, como Navidad, Pascua,
San Valentín, etcétera.

Merma de inventario
Pérdidas reales en las que incurre una
empresa minorista a causa del hurto
(tanto interno como externo) y de los
errores administrativos.

PDV
Punto de venta. Descripción menos precisa
del *journey to sale*. Véase JTS.

Pirámide
Presentación del producto según un diseño
de formato piramidal, que suele utilizarse
como punto focal central de una instalación.

Placa base
Se utiliza para mantener un maniquí en
posición vertical. Suele realizarse en vidrio
o acero y tiene forma circular o cuadrada.

Planograma
Diagrama esquemático de los expositores,
las paredes y los escaparates del
establecimiento que muestra la colocación
del producto para una temporada.

Planta
En arquitectura, dibujo a escala que ofrece
una vista cenital de un área específica. En el
comercio minorista, la planta se utiliza para
indicar la ubicación de los elementos
expositores y de los displays.

Posicionamiento dual
Comercialización de productos en más
de un lugar dentro del establecimiento, que
resulta especialmente relevante cuando un
producto puede venderse en combinación
con otro u otros artículos para fomentar
la venta cruzada y la compra de looks
completos.

Precio de venta al público
Precio más alto fijado por un minorista para
un artículo determinado.

Precio sugerido por el fabricante
Precio de venta al público que el fabricante
sugiere al minorista, a modo de indicación,
de modo que este obtenga su porcentaje de
beneficio y el producto se posicione en un
mercado de consumo específico.

Precios en bloque
Comercialización conjunta de una serie de
productos marcados con el mismo precio.

Prevención de pérdidas
Conjunto de prácticas implementadas por
la empresa minorista para frenar la pérdida
de beneficios.

Previsión de ventas
Estimación de las ventas que una empresa
minorista planea alcanzar en un período
determinado.

Proceso de diseño
Recorrido que sigue un artículo desde
la investigación inicial, pasando por el
desarrollo del diseño, hasta obtener
el producto final.

Promoción
Descuento de una parte o de un porcentaje
del precio original de un artículo durante
un período de tiempo limitado.

Proveedor
Persona o empresa que comercializa bienes
para la venta.

Punto caliente
Área de un establecimiento que todos los
clientes ven o atraviesan, con un alto índice
de tránsito y exposición.

Punto de compra
Área designada, en un establecimiento físico o en una página web, donde los consumidores pueden realizar la compra de artículos.

Punto focal
Punto hacia el que el ojo se siente atraído automáticamente. En una tienda o escaparate pueden existir múltiples puntos focales.

Regla de tres o cinco
Teoría de merchandising que se basa en el principio de que los artículos presentan un mejor aspecto en grupos de tres o cinco (por contraposición a grupos de cifras pares). Los maniquíes suelen presentarse según esta disposición.

Retailing
Estrategias empleadas por el comercio minorista para fomentar la venta de bienes y servicios al usuario final.

Tránsito peatonal
Número de personas que circulan por la tienda o por alguna de sus secciones.

Trayectoria del cliente
Vivencias que experimenta el cliente con una marca.

Unidad de referencia de almacenamiento (SKU, *stock keeping unit*)
Identificador único de cada producto que tiene en *stock* un minorista; se utiliza para comprobar el nivel de existencias durante el análisis de inventario y al cerrar el ejercicio fiscal.

Valor promedio por transacción
Gasto medio por cliente, que se calcula dividiendo la cantidad de dinero recibida entre el número de transacciones realizadas.

Venta cruzada
Colocación de un producto junto a otro para incitar al cliente a comprar más (por ejemplo, un limpiador facial colocado junto a un exfoliante o un televisor situado junto a un reproductor de DVD).

Venta mejorada
Aplicación efectiva de las técnicas de venta y del conocimiento del producto para incitar al cliente a comprar más, es decir, para conseguir que el cliente que entra en el establecimiento en busca de una camisa salga de allí con una camisa y una corbata.

Visual merchandising
Disciplina que consiste en promocionar la venta de artículos por parte del minorista mediante el uso de técnicas de presentación, incluyendo la colocación del producto, los elementos expositores y el diseño del entorno (mediante el diseño visual, el arte y la artesanía). El profesional que proporciona este servicio se conoce con el nombre de visual merchandiser.

Zona administrativa/Trastienda
Término que designa aquellas zonas de un establecimiento que no suelen visitar personas que no forman parte de la plantilla (como, por ejemplo, la oficina del encargado) y donde se realizan tareas confidenciales.

Zona de venta
Expresión que designa aquella zona del establecimiento a la que tienen acceso los consumidores (como las diversas secciones, el mostrador de caja, los probadores, etcétera).

Recursos del sector

Awwwards
Creatividad y diseño en Internet aplicados al mundo de la moda.
www.awwwards.com/50-fashion-websites.htlm

Coroflot
Coroflot.com ofrece experiencias profesionales para personas que provienen de diversas disciplinas del diseño en todo el planeta. Es el sitio web más extenso y activo dedicado a dar respuesta a las necesidades de contratación de las empresas, que van desde operadores locales hasta líderes multinacionales del sector.
www.coroflot.com

EuroCommerce
Organización que aboga por las prácticas comerciales justas, competitivas y sostenibles en Europa.
www.eurocommerce.be

European Association of Fashion Retailers
Asociación sin ánimo de lucro que representa a las empresas minoristas europeas especializadas en moda y calzado.
www.aedt.org

European Retail Round Table (ERRT)
Red de líderes empresariales creada para servir como portavoz de las grandes empresas minoristas sobre una serie de cuestiones de interés común.
www.errt.org

FJobs
Sitio web internacional que ofrece un amplio repertorio de empleos en el sector mundial de la moda, así como información y noticias de última hora sobre la industria.
www.fashionjobs.com

National Retail Federation (NRF)
Asociación en defensa de los intereses del sector minorista a través de la representación legal, las comunicaciones y la formación.
www.nrf.com

Pantone
Autoridad internacional del color que ofrece estándares para su uso, desde el diseño de un producto hasta su fabricación. Pantone también ofrece a muchas empresas predicciones de color para temporadas futuras.
www.pantone.com

Retail Design Blog
Blog de la empresa Artica dedicado a las bambalinas del sector minorista. Se puso en marcha para prestar asistencia a consumidores, diseñadores para empresas minoristas y visual merchandiser, a los que proporciona noticias e información sobre las tendencias del sector. Además de presentar interesantes conceptos, los diseñadores pueden intercambiar opiniones en el blog y compartir ideas y puntos de vista.
www.retaildesignblog.net

Retail Design Institute
Organización dedicada a los profesionales creativos del sector minorista, entre los que se incluyen arquitectos, diseñadores gráficos, diseñadores de luminotecnia, interioristas, planificadores de tienda, estrategas de marca, formadores, socios comerciales, editores, editoriales y estudiantes.
www.retaildesigninstitute.org

Retail Week

Publicación en línea con sede en el Reino Unido que desarrolla un análisis crítico del rendimiento del sector minorista al tiempo que ofrece una plataforma en la que celebrar sus éxitos.

www.retail-week.com

Stylesight

Stylesight ofrece contenidos líderes en el sector y soluciones tecnológicas para profesionales del estilo, la moda y el diseño. Asimismo, proporciona información sobre tendencias pasadas, presentes y futuras, y un espacio de trabajo en línea que sirve de ayuda a los profesionales del sector a la hora de realizar previsiones y análisis sobre un mercado en cambio constante.

www.stylesight.com

Style Careers

Stylecareers.com es la mayor página de Internet exclusivamente dedicada a las ofertas de trabajo en el sector de la moda.

www.stylecareers.com

Supply Chain Council (SCC)

Organización mundial sin ánimo de lucro cuya estructura ayuda a las empresas que la integran a mejorar el rendimiento de sus cadenas de abastecimiento.

www.supply-chain.org

The Fashion List

Proporciona un exhaustivo calendario en línea para la comunidad internacional del sector de la moda y de la belleza. The Fashion List ofrece a sus suscriptores información actualizada sobre los eventos y productos del sector, así como temas destacables relacionados con este.

www.thefashionlist.com

Visual Merchandising/Store Design (VMSD)

Página web orientada hacia el diseño del punto de venta y el visual merchandising que ofrece información actualizada sobre el sector y las nuevas tecnologías, y analiza diversas estrategias de merchandising.

www.vsmd.com

Women's Wear Daily (WWD)

Página web de la revista de moda *Women's Wear Daily*, enfocada al mercado estadounidense.

www.wwd.com

Worth Global Style Network (WGSN)

Servicio de predicción de tendencias con sede en el Reino Unido que ofrece, posiblemente, la mayor gama de servicios en línea dirigidos a las empresas de moda.

www.wgsn.com

Índice onomástico

Índice onomástico

Índice onomástico

Índice onomástico

Agradecimientos y créditos de las fotografías

Quisiera dar las gracias a la comunidad del Art Institute de Nueva York, por ofrecerme su inestimable apoyo en esta iniciativa y trabajar a mi lado para que mi andadura como docente resultase positiva y, en particular, a mis alumnos, que me sirven de inspiración cada día. Colette y Nigel, ruego me perdonéis por volveros locos a cada instante, agradezco infinitamente vuestro apoyo; haber podido completar otro proyecto bajo vuestra dirección y con vuestro estímulo es más de lo que se puede pedir. A mi familia y amigos, que me odian por dedicar más tiempo al desarrollo de mi carrera profesional que a estar con ellos: sabéis que no hubiese llegado hasta aquí de no ser por vosotros. Un millón de gracias.

Créditos fotográficos

Imágenes utilizadas por cortesía de:
Imagen de portada: copyright Sybarite Architects (fotografía de Donato Sardella).

Getty Images: 3, 7, 10, 14, 15, 20, 21, 32-35, 38, 41, 44 (x2), 45, 46, 49, 53 (x3), 64, 68 (x2), 69 (x2), 74, 76-77, 79, 80, 81, 92, 95, 98, 99, 104, 105, 107 (x3), 108, 109 (x2), 143, 144, 145, 148, 152-153 (x2), 157, 158, 160, 161, 162, 163, 168-169 (x4), 170, 171.
Bridegeman: 12, 13
Kyle Muller: 29, 31
Tate Ragland: 55, 127
Jackie Mallon: 84-85
Dimitri Koumbis: 58-61, 86-89, 114-117, 125, 137, 154-156, 159
Shana Tabor, cortesía de In God We Trust NYC: 110-112
Alfonso Paradinas: 139
International Playground: 166-167